Mera
Vere

Sicer pa naročam po milosti,

ki mi je dana, vsakomur izmed vas:

ne imejte visokih misli, saj je to v nasprotju s tem,

kar je treba misliti, ampak mislite na to,

da boste premišljeni; vsak pač po meri vere,

ki mu jo je Bog dal.

(Rimljanom 12:3)

Mera Vere

Dr. Jaerock Lee

URIM BOOKS

Mera Vere, dr. Jaerock Lee
Izdala založba Urim Books (Predsednik: Kyungtae Noh)
73, Yeouidaebang-ro 22-gil, Dongjak-gu, Seul, Koreja
www.urimbooks.com

Predhodno izdano v korejskem jeziku leta 2002 s strani založbe Urim Books

Prva izdaja: April 2017

Uredila dr. Geumsun Vin
Oblikovala uredniška pisarna Urim Books
Natisnilo podjetje Prione Printing
Za več informacij se obrnite na urimbook@hotmail.com

Uvod

Danes številni ljudje trdijo, da verujejo, vendar niso prepričani v svoje odrešenje. Pravzaprav ne vedo, ali imajo dovolj vere, da bi dosegli odrešenje, oziroma koliko vere je potrebo za odrešenje. Včasih lahko sklepamo, da ima nekdo veliko ali malo vere, glede na način njegovega življenja v veri, vendar pa je pri posamezniku izredno težko prepoznati njegovo mero vero.

Bog ne sprejema mesene vere, ki je ne spremljajo dela vere, temveč sprejema duhovno vero, združeno z deli vere. Meseno vero pridobimo že s samim poslušanjem in preučevanjem Božje besede, medtem pa duhovne vere ne moremo pridobiti zgolj skozi našo željo in hrepenenje. Duhovno vero daje samo Bog (Rimljanom 12:3).

Nekdaj sem molil, da bi prejel razodetja na težko razumljive odlomke Svetega pisma, nakar mi je nekega dne Bog začel pojasnjevati skrivnosti duhovnega sveta. Bog mi je pojasnil, da ima vsak posameznik svojo mero vere in da bodo temu primerno ljudje prejeli različna nebeška bivališča.

Naš prvotni dom so nebesa, zato na tej zemlji bivamo zgolj kot tujci. Tako kot potrebujemo kažipote, kadar potujemo v neznani kraj, tako potrebujemo kažipote tudi pri našem potovanju v nebesa. Če se zavedamo svoje mere vere, bomo zlahka razumeli, kakšen odnos bi morali odslej imeti pri našem potovanju v veri.

Ljubeči Bog si za Svoje otroke želi, da bi imeli popolno vero, vstopili v Novi Jeruzalem, kjer se nahaja Božji prestol, in tam z Njim večno živeli. V Mateju 5:48 zato Jezus pravi: „*Bodite torej popolni, kakor je popoln vaš nebeški Oče,*“ in v Marku 9:23: „*,Če moreš‘ pa – vse je mogoče tistemu, ki veruje.*“

Mera Vere opisuje pet stopenj vere in nebeška bivališča, ki pripadajo posamezni stopnji. Ta knjiga bo bralcu pomagala odkriti stopnjo njegove lastne vere. Mero vere in nebeška bivališča lahko sicer delimo na več kot pet stopenj, vendar pa se zavoljo lažjega razumevanja to delo osredotoča zgolj na pet osnovnih stopenj. Upam, da boste še močneje hrepeneli po nebesih, ko boste primerjali svojo mero vere s tisto od očetov vere iz Svetega pisma. Hkrati pa upam, da boste razumeli srce Boga, katerega radosti popolna vera, in da boste mnogi med vami že kmalu dosegli to polno mero vere.

Od prve izdaje leta 2002 je bila *Mera Vere* prevedena in brana s strani velikega kroga bralcev po vsem svetu. V luči nekaterih dodatnih pojasnil, ki mi jih je medtem razodel Bog, je danes v pripravi revidirana izdaja. Vso hvalo in slavo dajem Bogu Očetu, ki je omogočil to moje delo, hkrati pa se zahvaljujem tudi celotnemu osebju uredniške pisarne, vključno z direktorico Geumsun Vin.

Jaerock Lee

Kazalo vsebine

Uvod

1. poglavje

{ Mesena vera in duhovna vera } • 1

1. Značilnosti mesene vere
2. Značilnosti duhovne vere
3. Kako razviti duhovno vero?

2. poglavje

{ Nebeško kraljestvo je polno nasilja } • 17

1. Od dni Janeza Krstnika do zdaj
2. Nebeška bivališča se delijo na več kategorij
3. S silo do veličastnejšega nebeškega bivališča

8. poglavje

{ Koraki za dosego pete stopnje vere } • 117

1. Stopnje pravičnosti
2. Odpravite sledi mesa
3. Napolnite se z vsebino duha
4. Preizkušnje pred prehodom na peto stopnjo duha

9. poglavje

{ Peta stopnja vere } • 135

1. Bogu všečna vera
2. Značilnosti pete stopnje vere
3. Vstop v prostrani duhovni svet

10. poglavje

{ Blagoslovi na peti stopnji vere } • 167

1. Blagoslovi za ljudi popolnega duha
2. Novi Jeruzalem za tiste na peti stopnji vere

Mesena vera
in duhovna vera

Je pa vera obstoj resničnosti,

v katere upamo, zagotovilo stvari, ki jih ne vidimo.

Zaradi nje je bilo namreč pričano v korist starih.

Po veri spoznavamo,

da so bili svetovi urejeni z Božjo besedo,

tako da je to, kar se vidi, nastalo iz tega,

kar se ne kaže.

(Hebrejcem 11:1-3)

Sveto pismo nam kaže pot, kako sprejeti Jezusa Kristusa, premostiti težavo z grehi ter prejeti odrešenje. Poleg tega nam kaže tudi pot za uslišanje naših molitev in prejetje blagoslovov skozi vero. Vera je zaklad zakladov in ključ za reševanje vseh vrst težav. Samo z vero lahko ugajamo Bogu in prejmemo odgovore na naše molitve. Samo z vero smo lahko rešeni in stopimo v nebesa.

Kljub temu pa mnogi obiskujejo cerkev in izpovedujejo svojo vero v Boga, a nimajo zagotovila za odrešenje in njihove molitve ostajajo neuslišane. Marko 9:23 pravi: *,,Jezus mu je dejal: ,Če moreš' pa – vse je mogoče tistemu, ki veruje. "* Kadar molimo z vero, bomo prejeli odgovor. Če pa kljub temu ne prejmemo odgovora, potem moramo preveriti, ali je naša vera iskrena ali ne.

Mnogi ljudje izpovedujejo svojo vero, a niso deležni Božjih del, saj nimajo iskrene vere, ki jo priznava Bog. Obstaja namreč duhovna vera, ki jo priznava in nanjo odgovarja Bog, ter mesena vera, ki je Bog ne priznava.

1. Značilnosti mesene vere

Mesena vera je vera, s katero verjamete v vse tisto, kar lahko preverite z lastnimi očmi in kar se sklada z vašimi mislimi in spoznanji. Kakšne so potem značilnosti mesene vere?

Razumska vera

Denimo, kadar slišite, da nekdo iz lesa izdeluje mize, temu lahko mirno verjamete, četudi niste bili priča postopku proizvodnje. Ta trditev se namreč sklada z znanjem, ki ste ga pridobili skozi življenje. In kadar verjamete v nekaj, kar se sklada z vašim znanjem, temu pravimo mesena vera, včasih pa tudi vera v obliki spoznanja, ali razumska vera. To vero lahko pridobi vsak in kot takšna nima nič skupnega z odrešenjem.

Ljudje vnašajo veliko stvari v svoj spomin. Zapomnijo si stvari, ki jih vidijo, slišijo in se jih naučijo od svojih staršev, bratov, sester, sosedov in tudi v šoli, ter to znanje koristijo skozi življenje. Na osnovi tako pridobljenega znanja nato nekateri smatrajo neresnico za resnico in resnico za neresnico.

Človeško znanje ne more biti vselej pravilno. Svet je poln stvari, ki jih ljudje smatrajo za resnične, a se kasneje izkažejo za zmotne. Poleg tega se vzorci in načini razmišljanja močno razlikujejo v različnih državah, med različnimi rasami in celo med posamezniki.

Samo Božja beseda je absolutna resnica, ki ostaja nespremenjena skozi čas. Nekoč so ljudje učili in verjeli, da Zemlja ni okrogla, pač pa ravna plošča. Verjeli so tudi, da Sonce kroži okrog Zemlje, ne Zemlja okrog Sonca. Ravno tako še danes v družbi in šolah učijo veliko neresnic.

Vendar ljudje preprosto verjamejo, kar so jih učili kot resnico, in potem je neizbežno, da kadar jim nekdo predstavi nekaj resničnega, to dojemajo kot neresnico, ker se ne sklada z njihovim lastnim znanjem. Iz tega razloga mnogi ne verujejo v

Boga Stvarnika tudi potem, ko jim je bil oznanjen evangelij. Vse življenje so jih učili napačno in neresnično teorijo, imenovano „darvinizem", zato ne verjamejo v kreacionizem, ki pa je dejansko prava resnica.

Darvinizem ni resnica, temveč napačna teorija, ki v celoti izvira iz človeških misli. Četudi bi preteklo milijarde let, riba ne more postati kopenska žival in opica se ne bo spremenila v človeka. Toda tisti, ki so se učili, da je to mogoče, smatrajo darvinizem za absolutno resnico. In ko slišijo, da je Bog Stvarnik s Svojo besedo ustvaril vso stvarstvo, na to gledajo kot na popoln nesmisel.

So pa tudi ljudje, ki izpovedujejo svojo vero v vsemogočnega Boga, a v celoti ne sprejemajo Svetega pisma, temveč verjamejo le tiste dele, ki se skladajo z njihovimi prepričanji in teorijami. Vendar če si Sveto pismo razlagamo skozi prizmo posvetnega znanja in teorij, potem ne bomo razumeli veliko stvari. Na tem svetu potrebujemo obstoječe snovi, če želimo izoblikovati kak izdelek, medtem pa Sveto pismo pravi, da so bila nebesa in zemlja ustvarjena iz nič z Božjo besedo. Zato ti ljudje tega nikakor ne morejo sprejeti.

Poleg tega ne razumejo del Svetega Duha, ki jih človek ni sposoben delati, zato ne verjamejo v svetopisemska znamenja in čudeže, temveč nanje gledajo kot na prilike oziroma simbolizacijo. Kjer piše, da je Peter hodil po vodi, to interpretirajo, da je pravzaprav hodil po plitvini. Če nekdo reče, da je ozdravel s pomočjo zdravil ali kirurškega posega, to zlahka verjamejo, ko pa slišijo, da je nekdo ozdravel po molitvi, so skeptični in prepričani, da se v ozadju skriva kaj drugega.

Takšna vera nima nič opraviti z Bogom. To ni duhovna vera, s katero lahko dosežemo odrešenje. Iskrena vera pomeni, da verjamemo vse besede Svetega pisma, saj le-te izražajo absolutno resnico, ne glede na naša prepričanja.

Spreminjajoča se vera

Nekateri ljudje srčno molijo, marljivo častijo Boga in vodijo zvesto krščansko življenje, da bi prejeli odgovore na poželenja v njihovem srcu. Vendar če njihove želje niso kmalu uslišane, se v njih rodi dvom. „Ali Bog resnično živi? Ali res posluša moje molitve?" Kadar tako dvomijo, kaj hitro izgubijo srce in začnejo verjeti, da so bili vsi dotlej prejeti odgovori in pričevanja drugih ljudi zgolj naključje.

Jakob 1:6-7 pravi: „*Prosi pa naj v veri, ne da bi kaj dvomil; kdor dvomi, je namreč podoben morskemu valu, ki ga veter dviga in premetava. Tak človek naj ne misli, da bo kaj prejel od Gospoda.*"

Ta vera, polna negotovosti in omahovanja, nikakor ne more biti iskrena vera. Marko 11:24 pravi: „*Zato vam pravim: Za vse, kar molite in prosite, verjemite, da ste že prejeli, in se vam bo zgodilo.*" Verjeti torej moramo, da smo vse že prejeli, ne da šele bomo prejeli.

Enako velja za težave in bolezni. Prvo Petrovo pismo 2:24 pravi: „*Po njegovih ranah ste bili ozdravljeni.*" Pred okoli 2.000 leti je Jezus trpel in nas odkupil vseh naših grehov in prekletstev, in vsi mi, ki to verjamemo, bomo ozdravljeni. Če molimo z vero, bo iz našega življenja izginila vsa bolečina, katero bo nadomestila radost, hvaležnost in zvrhana mera upanja. Poleg tega se naša vera priznava za iskreno vero šele takrat, ko je neomajna, navkljub pomanjkanju dokazov.

Vera brez del je mrtva vera

Poznavanje in vera v Božjo besedo sta dve povsem različni stvari. Pri tem pa ne smemo verovati v naših glavah, temveč globoko v naših srcih. Samo tako bodo naša dejanja sledila Božji besedi. Bog na primer pravi, da boste želi, kar ste sejali. Tako veleva zakon duhovnega sveta in se nanaša na vse, vključno z zdravjem in blaginjo.

Vdova iz Sarepte je v času lakote dala Eliji svoj zadnji kolaček kruha in tako z vero izpolnila Božjo voljo. S človeške perspektive je ta hrana pomenila preživetje, zato je sicer nikakor ne bi darovala. Toda ubogala je, ker je verovala. Posledično je bila blagoslovljena na način, da moka v loncu ni nikoli pošla in olja v vrču ni zmanjkalo vse do dne, ko je Gospod poslal dež na zemljo (1 Kralji 17).

Na drugi strani pa se tisti z meseno vero ravno tako zavedajo tega dejstva, vendar niso sposobno ubogati, ko se znajdejo v težavah. Kadar jih pestijo življenjski stroški, včasih ne darujejo cerkvenih desetin in začno skopariti pri različnih daritvah. Če bi resnično verjeli, da jim bo Bog poplačal vse, kar so sejali pred Njim, potem ne bi skoparili. A ker se tega zavedajo zgolj razumsko, njihova dejanja temu ne sledijo.

Drug primer so bolezni. Če resnično verujete, da je Bog vseveden in vsemogočen, čemu bi se potem v primeru bolezni zatekali k posvetnim metodam? Ljudje se v svojih dejanjih ne zanašajo na Boga zato, ker Božjo moč poznajo zgolj razumsko, v srcih pa vanjo ne verujejo. Druga knjiga kraljev 16:12-13 govori o bolezni in smrti kralja Asá: „ *V devetintridesetem letu svojega kraljevanja je Asá zbolel na nogah in bolezen je postajala vedno hujša. A tudi v svoji bolezni ni iskal pomoči pri GOSPODU, temveč pri zdravnikih. Nato je Asá legel k svojim očetom: umrl je v enainštiridesetem letu svojega kraljevanja.* “

Ko je zavzel prestol, je Kralj Asá živel po postavi in ljubil Boga. Ko je njegova mati Maáha častila malike, ji je odvzel čast kraljice matere. Toda postajal je vse bolj nadut, zato mu je Bog obrnil hrbet. Kot rezultat tega je zbolel, zdravstveno pomoč pa poiskal pri ljudeh. Posvetoval se je s številnimi zdravniki, toda bilo je zaman in naposled je umrl. Ti zapisi nas učijo, da Bog ne sprejema dejanj, ki izvirajo iz nevere.

Enako velja tudi v drugih primerih. Sveto pismo nam pravi, naj se ‚zmeraj veselimo‘, ‚v vsem zahvaljujemo‘, ‚neprenehoma molímo‘, ‚ljubimo svoje sovražnike‘ ter si ‚prizadevamo za mir z vsemi‘. Četudi si vse to zapomnimo, pa kdor tega ne upošteva, ta ima zgolj meseno vero in ne bo doživel Božjih del. Jakob 2:26 pravi: „ *Kakor je namreč telo brez duha mrtvo, tako je mrtva vera brez del.* “ Zavedati se moramo, da ne bomo prejeli odgovorov na molitve, blagoslovov in seveda tudi odrešenja ne, v kolikor ne bo naša vera združena z deli.

2. Značilnosti duhovne vere

Samo skozi vero lahko prejmemo odgovore na naše molitve, smo rešeni in vstopimo v nebesa. Ta vera pa mora biti duhovna vera, kakršno priznava Bog. Kajti četudi izpovedujemo svojo vero, ne bomo prejeli odrešenja in niti odgovorov na naše molitve, če nimamo od Boga priznane duhovne vere. In kakšne so potem značilnosti duhovne vere?

Vera v stvarjenje nečesa iz nič

Morda se Božja beseda včasih ne sklada z našimi osebnimi prepričanji, toda če gojimo duhovno vero, brezpogojno verujemo v sleherno Božjo besedo in tako je naša vera neomajna, ne glede na okoliščine. Takšna vera pa ne pomeni le košček spoznanja, temveč je to vera, ki se nenehno kaže skozi dejanja. Če gojimo to duhovno vero, nam bodo uslišane tudi stvari, ki so za človeka nemogoče. Sveto pismo opisuje vero z naslednjimi besedami: *„Je pa vera obstoj resničnosti, v katere upamo, zagotovilo stvari, ki jih ne vidimo. Zaradi nje je bilo namreč pričano v korist starih“* (Hebrejcem 11:1-2).

‚Obstoj resničnosti, v katere upamo‘ pomeni, da smo prepričani v našo prihodnost, zato se bodo naposled tudi uresničila vsa naša upanja. Kot denimo bolni ljudje, ki upajo na ozdravljenje. Da bi njihovo upanje postalo realnost, morajo imeti vero. Če torej imamo vero, ki jo Bog od nas zahteva, bodo naše želje po zdravju postale resničnost.

‚Zagotovilo stvari, ki jih ne vidimo‘ se nanaša na duhovno vero, ki nam omogoča z duhovnimi očmi videti resnično realnost, ki je s fizičnimi očmi ni mogoče videti. Gre torej za vero v dela stvarjenja iz nič.

Patriarhom so bile skozi vero uslišane vse njihove želje. Prejeli so empirične dokaze za stvari, ki jih ni moč videti, in tako so izkusili Božjo moč, ki ustvarja stvari iz nič. Z vero so ustavili sonce in luno, razdelili Rdeče morje, dobili bitke ter oživljali mrtve.

Ljudje z duhovno vero verjamejo, da je v začetku Bog s Svojo besedo ustvaril nebo in zemljo in vse, kar je čudovitega pod nebom. To se je zgodilo veliko pred stvarjenjem človeka, zato temu dogodku ni bil nihče priča. A ker verjamemo v stvarjenje iz nič, v to nikakor ne dvomimo.

Zato pismo Hebrejcem 11:3 pravi: „*Po veri spoznavamo, da so bili svetovi urejeni z Božjo besedo, tako da je to, kar se vidi, nastalo iz tega, kar se ne kaže.*"

Ko je Bog v začetku ustvaril nebo in zemljo, je rekel, naj bo luč... in bila je luč. Nato je Bog rekel: „Zemlja naj požene zelenje, rastlinje, ki daje seme, in drevje, ki na zemlji rodi sadje s semenom po svoji vrsti." In zgodilo se je tako. Vesolje in vse v njem pa ni bilo ustvarjeno iz že obstoječih stvari, kar pa večina ljudi težko sprejema, saj ne verjamejo v stvarjenje nečesa iz nič. To pa zato, ker še nikoli niso videli, da bi nekdo izdelal karkoli, ne da bi pri tem uporabil določene snovi.

Vero lahko gojimo le takrat, kadar nam je bila dana od Boga

Človek ne more zgolj skozi željo pridobiti duhovne vere. Duhovne vere lahko imamo namreč samo toliko, kolikor smo je dobili od Boga.

Kot pravi pismo Rimljanom 12:3: „*Sicer pa naročam po milosti, ki mi je dana, vsakomur izmed vas: ne imejte visokih misli, saj je to v nasprotju s tem, kar je treba misliti, ampak mislite na to, da boste premišljeni; vsak pač po meri vere, ki mu jo je Bog dal.*"

Če bi ljudje lahko izbirali svojo mero duhovne vere, bi svet pretresalo neskončno težav. Predstavljajte si denimo, da trgovec prosi: „Gospod, ne dovoli kupcem, da bi zahajali v sosednjo trgovino. Vsi kupci naj pridejo k meni." Ali če bi nekdo, ki sovraži svojega soseda, molil z naslednjimi besedami: „Naj ta človek doživi prometno nesrečo." Če bi bilo tem ljudem uslišano, bi svet hitro zapadel v kaos. Zato pravični Bog daje to vero, ki rodi sadove, damo tistim, ki so kvalificirani, da prejmejo odgovore. Ti ljudje ne bodo nikoli molili iz hudobije do drugih.

3. Kako razviti duhovno vero?

V Marku 9:22 je nek oče, katerega sin je bil obseden z nemim duhom, stopil pred Jezusa in rekel: „*Večkrat ga je vrgel celo v ogenj in v vodo, da bi ga pokončal. Toda če kaj moreš, se nas usmili in nam pomagaj!*" Njegove besede tukaj ne izpovedujejo vere, pač pa je oče zgolj upal na nekaj sreče.

Jezus mu je dejal: „ ‚Če moreš' pa – vse je mogoče tistemu, ki veruje." Dečkov oče je takoj na ves glas rekel: „Verujem, pomagaj moji neveri!" (23-24.v). Najprej je rekel: „Verujem," nato pa: „Pomagaj moji neveri." Njegove besede se morda zdijo nesmiselne, dejansko pa gre le za različen duhovni pomen, ki se skriva za izrazoma.

Ko je možakar rekel: „Verujem," je izpovedal svojo meseno vero, kar pomeni, da je slišal za Jezusa in Ga razumsko poznal. Pravzaprav je slišal veliko govoric o Jezusu. Slišal je, kako je Jezus delal čudovita mogočna dela, izganjal demone, slepim povrnil vid, gluhim sluh in nemim govor. Dobro se je zavedal okoliščin in ravno zato je rekel, da veruje z razumom.

Nato je rekel: „Pomagaj moji neveri," s čimer je prosil za duhovno vero, da bi mu bilo uslišano. Imel je razumsko vero, a se dobro zavedal, da pa nima duhovne vere, s katero bi lahko prejel odgovor. Ob pogledu na tega ponižnega človeka je Jezus zapretil nečistemu duhu: *„Nemi in gluhi duh, ukazujem ti: Pojdi iz njega in ne vstopi več vanj!"* (25.v). Nemi duh je odšel iz njega in deček je ozdravel.

Oče tega dečka je sprva imel samo razumsko vero, toda prosil je Jezusa in tako pridobil duhovno vero, skozi katero je njegov sin po Božji milosti tudi ozdravel. Toda kako lahko potem pridobimo duhovno vero?

Izpodbijte vse misli in teorije, ki prinašajo dvome

Kot je zapisano v Drugem pismu Korinčanom 10:5: *„Podiramo razmisleke in vsakršno visokost, ki se dviga proti spoznanju Boga, in vsako misel podvržemo poslušnosti Kristusu,"* moramo izpodbiti vse misli in teorije, ki nas ovirajo na naši poti do pridobitve duhovne vere.

Vso naše znanje, teorije, način razmišljanja in vrednote namreč niso pravilne. Samo Božja beseda je večna resnica. Če smo prepričani v točnost našega znanja in teorij, ne moremo sprejeti Božje besede ali imeti duhovne vere.

Za pridobitev duhovne vere moramo torej najprej zavreči vse misli in teorije, ki nam povzročajo dvome v Božjo besedo iz Svetega pisma. Četudi obiskujemo cerkev in se udeležujemo bogoslužja, brez duhovne vere ne bomo prejeli odrešenja ali odgovorov na naše molitve.

Preden je srečal Gospoda, je apostol Pavel imel meseno vero. Ni priznaval Jezusa in preganjal je tiste, ki so verovali Vanj. Toda v trenutku, ko je na poti v Damask srečal Gospoda, je zavrgel vse misli in teorije ter pridobil duhovno vero, s katero je služil samo Kristusu. Nazadnje je postal velik apostol, ki je prevzel vodilno vlogo pri evangelizaciji poganov ter postavil temelje za evangelizacijo sveta.

Pridno poslušajte in preučujte Božjo besedo

Da bi meseno vero spremenili v duhovno vero, moramo marljivo poslušati in preučevati Božjo besedo, kot pravi pismo Rimljanom 10:17: *"Potemtakem je vera iz oznanjevanja, oznanjevanje pa je po Kristusovi besedi."* Če ne preučujemo Božje besede, ne bomo poznali in ravnali v skladu z resnico. Zato je izredno pomembno, da poslušamo in preučujemo Božjo besedo.

A to še ni vse. Če si zgolj naberemo znanje, a se ne ravnamo po njem, bomo kaj hitro postali prevzetni in takšnim ljudem Bog ne daje duhovne vere. Da bi se Božja beseda, ki je shranjena kot znanje, spremenila v duhovno vero znotraj naših src, je treba najprej slediti določenemu procesu, ki zajema dela poslušnosti Božji besedi.

Na primer, tudi če si zapomnite glasbeno partituro klavirskega nastopa, to še ne pomeni, da znate tudi sami dobro igrati klavir. Četudi prebirate knjige o golfu, to ne pomeni, da ste dober igralec golfa. Slediti morate navodilom ter vaditi igranje klavirja in golfa.

Enako velja za Božjo besedo. Naj še tako zvesto beremo in poslušamo Božjo besedo, bo vse to zaman, če se ne bomo po njej ravnali. Ni dovolj, da samo poznamo Božjo besedo oziroma resnico, temveč si moramo z njo napolniti svoja srca, kar pa storimo skozi dejanja, in sicer moramo odpraviti vse krivice, kot so sovraštvo, prepirljivost, ljubosumje, bolestno hlepenje in vse drugo, kar nam zapoveduje Bog. Razviti se moramo v ljudi resnice, ki so ponižni, služijo in delajo v dobro drugih, ter ljubijo celo svoje sovražnike. V luči tovrstnih dejanj poslušnosti Besedi nam bo Bog podaril duhovno vero.

Tudi kadar se trudimo biti poslušni, pa to seveda ni vedno tako preprosto. Trudimo se, da bi ljubili druge v skladu z Božjo besedo, a je včasih zelo težko premagati sovraštvo v naših srcih, zato se navkljub našim prizadevanjem ne znamo vselej obrzdati. Nato moramo goreče moliti ter si tako povrniti moči za poslušnost. Ko pa tudi molitev ni dovolj, se lahko postimo oziroma darujemo zaobljubljene ali celonočne molitve. Kadar iščemo Božjo milost in moč z resničnim srcem, takrat nam bo Bog zagotovo poklonil moč za poslušnost. In samo popolna poslušnost Božji besedi nam prinaša duhovno vero.

Ko enkrat pridobimo duhovno vero, bomo deležni številnih blagoslovov, kot je obljubil Bog. Naši duši bo šlo dobro, zdravi bomo in imeli bomo vse, kar si želi naše srce. Po prejetju teh

blagoslovov bomo še bolj poslušni in skozi ta proces pridobili še
več vere.

Naj vam navedem primer za boljše razumevanje. Trditev, ki
pravi: „Če popijete kozarec vode, ne vaša žeja izginila,“
predstavlja košček znanja. Ko ste bili žejni, ste verjeli tej trditvi in
pili vodo, kar je prav zares pogasilo vašo žejo. To dejstvo se je na
ta način spremenilo v vero in od takrat naprej instinktivno
hrepenite po vodi, kadar ste žejni. Ko prenesete znanje v prakso,
začnete temu verjeti v svojem srcu, in skladno s tem se boste
naslednjič tudi instinktivno odzvali.

Enako velja za Božjo besedo. Kadar ste poslušni besedam
Svetega pisma, četudi imate vero kakor gorčično zrno, boste
pridobili verske izkušnje v skladu z vašim ravnanjem. Skozi te
izkušnje lahko nato pridobite duhovno vero. In kolikor duhovne
vere vam bo dano od zgoraj, toliko lažje se boste naslednjič
ravnali po Besedi.

Če vaša duhovna vera raste in doseže polno vero, boste lahko
poslušni vsemu, tudi kadar vam Bog zapove narediti kaj povsem
nemogočega.

Morda se boste nekateri spraševali: „Ne živim popolnoma po
Božji besedi in imam zelo malo vere. Mar to pomeni, da moje
molitve ne bodo uslišane?“ To ne drži. Ne glede na našo mero
vere, nam Bog daje duhovno vero samo takrat, kadar je naša
posoda pripravljena prejeti odgovor na določeno težavo. Na
primer, če želi oseba ozdraveti, ni dovolj, da samo izpove svojo
vero z ustnicami, pač pa mora svojo vero dokazati in odpreti
svojo posodo za prejetje odgovora. In sicer se mora ta oseba
postiti, darovati daritve, molitve, celonočne molitve, ter marljivo

delati vse, kar ugaja Bogu. Ko se skozi dela vere posoda pripravi na prejetje odgovora, takrat bo Bog zasadil iskreno vero v njeno srce in s pomočjo te vere bo oseba ozdravela.

Skozi ta proces bodo tisti z večjo mero vere lažje prejeli odgovore na njihove molitve, saj je aroma njihove molitve veliko bolj izrazita in čudovita kot od tistih, ki nimajo velike vere. Še bolj pomemben razlog za pridobitev velike vere pa je ta, da boste v skladu z vašo mero vere prejeli temu primerno nebeško bivališče.

Nebeško kraljestvo je polno nasilja

„Od dni Janeza Krstnika do zdaj si nebeško kraljestvo

s silo utira pot in močni ga osvajajo. “

(Matej 11:12)

Matej 11:12 pravi: „*Od dni Janeza Krstnika do zdaj si nebeško kraljestvo s silo utira pot in močni ga osvajajo.*" Nebesa so kraljestvo Boga, ki je Luč. Gre za območje luči, ki se mu sovražnik hudič in Satan ne more niti približati. Toda zakaj potem v nebesih vlada nasilje in kdo ga osvaja 's silo'?

Zgornji odlomek pojasnjuje, da gredo vsi rešeni Božji otroci v nebesa, kjer bodo skozi določen proces dosegli polno mero vere. Zaradi grehov smo bili vsi obsojeni na pekel, toda vsak, ki sprejme Jezusa Kristusa, je lahko rešen in pride v nebesa.

Sovražnik hudič in Satan pa si medtem prizadeva pokvariti ljudi, da ne bi verovali v evangelij. V greh skuša premamiti celo tiste, ki so že sprejeli Gospoda. Zato se moramo verniki boriti proti sovražniku hudiču in Satanu ter si s silo utreti pot v nebeško kraljestvo.

1. Od dni Janeza Krstnika do zdaj

Ko zmagamo v našem boju proti zlim duhovom, si lahko s silo izborimo boljša nebeška bivališča. Sveto pismo namreč pravi, da si nebeško kraljestvo s silo utira pot „od dni Janeza Krstnika do zdaj."

Janez Krstnik je tisti, ki je pripravil pot Jezusu. Oznanjeval je Jezusa, da bi Ta lahko opravil Svoje poslanstvo. „Od dni Janeza

Krstnika do zdaj" simbolizira čas Jezusa Kristusa in obdobje Nove zaveze, v katerem bomo po veri dosegli odrešenje. No, pa si na hitro oglejmo pogoje odrešenja v Stari oziroma Novi zavezi.

Stara zaveza je bila obdobje postave in ljudje so bili rešeni po delih postave. Izpolnjevati so morali vso postavo, kadar pa so grešili zoper postave, so morali darovati daritve za grehe, da bi jim bilo odpuščeno. Po drugi strani pa je Nova zaveza obdobje Svetega Duha in milosti, saj dosežemo odrešenje že po sami veri v Gospoda Jezusa in nam ni treba darovati za grehe. Grehi so nam namreč odpuščeni skozi kri Jezusa Kristusa ter v moči Svetega Duha.

Vendar nekateri ljudje tega ne razumejo in mislijo, da za razliko od Stare zaveze, kjer so morali z deli izpolnjevati postavo, jim bo zdaj, v času Nove zaveze, odpuščeno in bodo dosegli odrešenje, če bodo samo z ustnicami izpovedovali svojo vero, četudi bodo grešili. Kar pa seveda ne drži. Odrešenje po delih v Stari zavezi pomeni, da tudi če so imeli hudobijo v svojem srcu, še vedno niso bili obsojeni, dokler te hudobije niso prenesli v dejanja. Medtem pa v Novi zavezi že sama hudobija v našem srcu predstavlja greh, četudi ne grešimo v dejanjih. Če sovražimo svojega brata, smo enaki morilcem. Če smo pohlepni, smo enaki tatovom. In kadar grešimo z dejanji, gre še za toliko večji greh.

Pismo Galačanom 5:19-21 pravi: *„Sicer pa so dela mesa očitna. To so: nečistovanje, nečistost, razuzdanost, malikovanje, čaranje, sovraštva, prepirljivost, ljubosumnost, jeze, častihlepnosti, razprtije, strankarstva, nevoščljivosti, pijančevanja, žretja in kar je še takega. Glede tega vas vnaprej opozarjam, kakor Sem vas že opozoril: tisti, ki počenjajo takšne stvari, ne bodo podedovali Božjega kraljestva."*

Kdor prakticira dela mesa, ne bo podedoval Božjega kraljestva. Poleg tega nas še veliko drugih delov Svetega pisma opozarja, da grešniki nimajo nič skupnega z Bogom. Božja volja od nas zahteva, da se očistimo ne samo grešnih dejanj, temveč tudi hudobije v naših srcih.

Toda, ali se je potem težje rešiti ljudem, ki živimo v času Nove zaveze, kot tistim, ki so živeli v času Stare zaveze? Nikakor ne. V Stari zavezi so morali izpolnjevati postavo z lastnimi sposobnostmi in trudom, medtem ko lahko v Novi zavezi zavržemo grehe z močjo Svetega Duha, ne s svojo lastno močjo.

Pismo Rimljanom 10:10 pravi: *„S srcem namreč verujemo, in tako smo deležni pravičnosti, z usti pa izpovedujemo vero, in tako smo deležni odrešenja."* Kdor resnično veruje v svojem srcu, bo zagotovo izpolnjeval postavo. Če namreč verujemo, da je Bog naš Oče in da je Jezus ponesel naše grehe na križ, se bomo seveda trudili zavreči grehe.

Če Božje besede ne hranimo zgolj kot znanje, temveč resnično verujemo v ljubezen s križa, bomo izpolnjevali postavo in postali pravični. To je tisto, kar ugaja Bogu. Kdor je delal húdo, bo zdaj delal dobro, kdor je sleparil in kradel, bo postal poštenjak, in kdor se je veliko jezil, bo postal strpen in potrpežljiv. Pri tem pa ne gre samo za izogibanje grehom skozi vzgojo, pač pa bodo ti ljudje pregnali grešno naravo iz svojih src ter postali pravični in sveti.

Človek se ne more spremeniti po svoji lastni volji. To je mogoče le z dragoceno krvjo Jezusa Kristusa in močjo Svetega Duha. Posvetni ljudje se na primer zelo težko odvadijo kajenja. Znova in znova sklenejo to odločitev, a že kaj kmalu ponovno kadijo. Kadar pa poslušate pričevanja vernikov, ti trdijo, da so zlahka prenehali piti in kaditi, potem ko so sprejeli Gospoda in so se jih dotaknila dela Svetega Duha.

Ko z vero sprejmemo Gospoda in se trudimo vzdržati greha, bomo prejeli moč Svetega Duha, s katero se bomo lahko otresli ne samo grešnih dejanj, temveč tudi grešne narave v našem srcu. Naše srce bo tako postalo nedolžno in čisto kakor Gospodovo. V obdobju Nove zaveze nam je torej na voljo pomoč Svetega Duha, zato ni nikoli težko po veri prejeti odrešenje in se uspešno boriti proti grehom.

2. Nebeška bivališča se delijo na več kategorij

Ko si s silo utremo pot v nebeško kraljestvo, to ne pomeni zgolj tega, da smo ubežali obsodbi na pekel in odšli v nebesa. Nebeško kraljestvo se namreč deli na več nivojev in obstajajo bivališča, ki so relativno boljša od drugih bivališč, zato hrepenimo, da bi si s silo izborili kar se da najveličastnejše nebeško bivališče.

Vedeti pa moramo, da se nebeško kraljestvo ne nahaja nad nebom, ki je vidno našim očem. Nebeško kraljestvo je del duhovnih nebes, ta pa se nahajajo v drugačni dimenziji od našega fizičnega neba. Duhovna nebesa se še dodatno delijo na različne predele.

Nehemija 9:6 pravi: *„ Ti GOSPOD, le Ti edini, Ti si naredil nebesa, nebes nebesa in vso njihovo vojsko, zemljo in vse, kar je na njej, morja in vse, kar je v njih. Ti si vsemu podaril življenje, in nebeška vojska se Tebi priklanja. "* Prva knjiga

Kraljev 8:27 pa dodaja: „*Toda mar Bog res more prebivati na zemlji? Glej, nebo in nebes nebesa te ne morejo obseči, koliko manj ta hiša, ki Sem jo sezidal!*"

Drugo pismo Korinčanom 12:2 govori o tem, kako je bil duh apostola Pavla vzet do ‚tretjih nebes'. Če obstajajo tretja nebesa, potem morajo obstajati tudi prva in druga, in morda tudi nebesa nad tretjimi nebesi. In ravno tretja nebesa so tista, v katerih se nahaja nebeško kraljestvo. Drugo pismo Korinčanom 12:4 pravi: „*Vzet je bil (apostol Pavel) v raj in je slišal neizrekljive besede, ki jih človeku ni dovoljeno spregovoriti.*" Raj je bil torej tisti kraj, ki ga je apostol Pavel videl v tretjih nebesih.

Kakšne vrste kraj je potem raj? Ob Jezusu sta bila križana dva hudodelca, od katerih je eden tik pred smrtjo sprejel Gospoda. Raj je kraj za tiste, ki so, kakor ta hudodelec, komaj sprejeli Gospoda in pridobili vero samo zato, da bi dosegli odrešenje. Gre torej za najnižji nivo nebeškega kraljestva, kamor gredo ljudje, ki niso živeli po Božji besedi in niso služili Božjemu kraljestvu, zato niso deležni nebeškega plačila.

21. poglavje Razodetja govori o Novem Jeruzalemu, ki ga je videl apostol Pavel. Gre za sveto in veličastno mesto z 12 stebri, okrašenimi z 12 različnimi dragulji, ki velja za najbolj veličastno bivališče v vseh nebesih. V njem se nahaja Božji prestol in vsi tisti z veliko vero, ki v celoti izpolnjujejo Božjo besedo in jo hranijo v svojem srcu.

Med tem Novim Jeruzalemom in rajem pa je seveda še veliko drugih nivojev nebeških bivališč, in sicer prva, druga ter tretja nebesa. Vaša mera vere bo določila, v katero od teh bivališč boste poklicani. V kolikor boste uspešni pri premagovanju sovražnika hudiča in Satana, ki vas skuša zapeljati, se do krvi uprli zoper greha, ter napolnili svoje srce z resnico, potem boste upravičeni do vstopa v bolj veličastno nebeško bivališče.

3. S silo do veličastnejšega nebeškega bivališča

Do mere, do katere smo zrasli v naši veri, bomo upravičeni do vstopa v veličastnejše nebeško bivališče, in ravno to je bistvo tega, da si s silo utremo pot v nebeško kraljestvo. V Mateju 13:31-32 Jezus predstavi priliko o osvojitvi nebeškega kraljestva s silo. In sicer pravi: *„Nebeško kraljestvo je podobno gorčičnemu zrnu, ki ga je nekdo vzel in vsejal na svoji njivi. To je res najmanjše od vseh semen; ko pa zraste, je večje kakor zelišča in postane drevo, tako da priletijo ptice neba in gnezdijo na njegovih vejah. "*

Gorčično zrno je najmanjše od vseh semen, saj je veliko kakor konica peresa. Vera tistih, ki so bili komaj rešeni, je velika kakor gorčično zrno. Toda če to zrno posadijo na polju njihovega srca in ga negujejo, bo njihova vera zrasla do velikosti čvrstega drevesa, ki brez težav kljubuje nevihtam. Tako kot ptice gnezdijo na velikih drevesih, tako lahko tisti z veliko vero sprejmejo veliko duš. Nasadijo lahko življenje v tiste s šibko vero ter jim omogočijo duhovni počitek. Če lahko sprejmete veliko duš v svoje srce, to pomeni, da imate široko srce, zato boste v nebeškem kraljestvu živeli v večjem in bolj čudovitem bivališču.

Tudi tisti najlepši in najsrečnejši trenutki na tem svetu se ne morejo primerjati z nebesi. Še najnižje nebeško bivališče, raj, je veliko bolj čudovito od najlepšega kraja na Zemlji. Hkrati pa so prva nebesa neprimerljiva z rajem, ravno tako kot so druga nebesa neprimerljiva s prvimi nebesi in tako kot se tretja nebesa močno razlikujejo od drugih. Kako lahko potem s človeškimi besedami opišemo veličastnost Novega Jeruzalema, kjer se nahaja Božji prestol?

V nebesih so celo ceste narejene iz suhega zlata, in ob reki, po kateri se preliva voda življenja, ki izvira iz Božjega prestola, najdemo sipine iz zlata in srebra. V jasni vodi, ki se sveti kakor dragulj, plavajo ribe s čudovitimi barvami. Lepota in vonj ene same cvetlice in enega samega lista se ne more primerjati z ničemer na tej zemlji. Tam ni ne onesnaževanja, staranja, propadanja in ne umiranja. Angeli vam služijo in strežejo. Včasih vam zaigrajo čudovito glasbo.

Večno boste živeli v nepopisni sreči ob troedinem Bogu in v družbi vaših ljubljenih. Še posebej Božji otroci, ki vstopijo v Novi Jeruzalem, bodo uživali slavo in čast, kakršne ni deležen niti največji cesar na tej zemlji.

Apostol Pavel je pridobil neizmerno upanje, ko je samo videl raj, in z radostjo se je podal na svojo življenjsko pot, četudi ga je čakalo veliko trpljenja za Gospoda. Ko pridobite jasno vero v resničnost nebeškega kraljestva, boste dojeli, da so stvari tega sveta povsem nepomembne. Zatrli boste vsa svoja posvetna poželenja in prazne želje ter zaživeli po Božji besedi in si prizadevali s silo utreti pot v nebeško kraljestvo.

Nebeška bivališča bodo dodeljena po koncu vzgoje človeštva. Tudi tisti z malo vere lahko še vedno pridejo v Novi Jeruzalem, če bodo v življenju stanovitno hodili proti nebeškemu kraljestvu. Po drugi strani pa tudi če imate vero za vstop v prva ali druga nebesa, lahko še vedno nazadujete v svoji veri in pristanete v raju, ali celo izgubite odrešenje, če ne odpravite hudobije iz svojega srca.

Prvo pismo Korinčanom 10:12 pravi: „*Kdor torej misli, da stoji, naj pazi, da ne pade.*" Zato upam, da boste goreče hrepeneli po nebeškem kraljestvu in si že kmalu pridobili veliko vere. Hkrati pa molim v imenu Gospoda, da bi stanovitno korakali nebeškemu kraljestvu naproti ter si s silo izborili najveličastnejše nebeško bivališče.

3. poglavje

Mera vere

„ Sicer pa naročam po milosti,

ki mi je dana, vsakomur izmed vas:

ne imejte visokih misli, saj je to v nasprotju s tem,

kar je treba misliti, ampak mislite na to,

da boste premišljeni; vsak pač po meri vere,

ki mu jo je Bog dal. “

(Rimljanom 12:3)

Včasu bivanja na zemlji ljudje trdo garajo, da bi jedli dobro hrano, nosili lepa oblačila in živeli v lepem okolju. Vendar naj še tako garajo in uživajo veliko blaginjo in slavo na tej zemlji, so to zgolj bežni trenutki. Po kratkem življenju nas namreč čaka smrt, ko nam bo vsem sojeno in bomo odšli v nebesa oziroma pekel. In ko je človek enkrat obsojen na nebesa oziroma pekel, tega ni moč nikoli spremeniti.

Tisti pa, ki bodo rešeni in odšli v nebeško kraljestvo, bodo tam deležni različnih bivališč in slave. Prvo pismo Korinčanom 15:41 pravi: „*Drugo je veličastvo sonca in drugo veličastvo lune in drugo veličastvo zvezd. Zvezda se namreč od zvezde razlikuje po veličastvu.*" Eni bodo torej uživali na najbolj veličastnih nebesnih telesih, kot je sonce, drugi pa v veličastvu lune ali veličastvu zvezd.

Življenje, kakršno bomo živeli v nebeškem kraljestvu, nam bo dodeljeno po naših delih na tej zemlji. Tudi vrsta nebeškega bivališča in stopnja slave, ki jo bomo uživali, bo v skladu s tem, kako zvesto smo izpolnjevali Božjo besedo, kako dobro smo se borili zoper greha in si očistili svoje srce, ter od naše predanosti Božjemu kraljestvu. Zato se moramo ves čas zavedati stopnje naše vere in si prizadevati, da bi pridobili večjo mero vere.

1. Mera vere, ki jo daje Bog

Pismo Rimljanom 12:3 pravi: *„Ampak mislite na to, da boste premišljeni; vsak pač po meri vere, ki mu jo je Bog dal. "* To nam daje jasno vedeti, da ima vsak posameznik različno mero vere.

Mnogi izpovedujejo svojo vero v Boga Stvarnika in Jezusa Kristusa kot njihovega osebnega Odrešenika. Toda mera vere se razlikuje od posameznika do posameznika. Na primer hudodelec, ki je bil križan ob Jezusu in se je spreobrnil šele tik pred smrtjo, da bi bil rešen. Medtem pa je Peter vso svoje življenje posvetil Gospodu. Vera teh dveh oseb je vsekakor različna. Nekateri imajo izredno veliko vero, drugi pa majhno kakor gorčično zrno.

Jezus je občasno pohvalil ljudi z veliko vero (Matej 15:28), medtem pa pograjal tiste z malo vere (Matej 17:20). Glede na mero naše duhovne vere lahko tako prejmemo pohvalo ali grajo. Ljudem z veliko vero bo nemudoma zadoščeno vsem željam njihovega srca, medtem pa morajo tisti z manj vere darovati en dan posta ali goreče moliti, spet drugi pa morajo moliti več mesecev ali celo let.

Obstajajo različne mere vere, ki jih daje Bog v skladu s tem, kako zvesto živimo po Božji besedi. Tega se moramo vsi dobro zavedati in se razviti v ljudi resnice. V nadaljevanju si bomo ogledali svetopisemske primere, ki pojasnjujejo različne mere vere.

2. Različne stopnje vere in rast človeka

Prvo Janezovo pismo 2:12-14 podrobno opisuje stopnje duhovne vere in jih primerja s procesom odraščanja človeka.

> *„Pišem vam, otroci, ker so vam zaradi Njegovega imena odpuščeni grehi. Pišem vam, očetje, ker ste spoznali Njega, ki Je od začetka. Pišem vam, mladi, ker ste premagali hudiča. Vam, otroci, Sem pisal, ker ste spoznali Očeta. Vam, očetje, Sem pisal, ker ste spoznali Tistega, ki je od začetka. Vam, mladi, Sem pisal, ker ste močni in je Božja beseda v vas in ste premagali hudiča. "*

Besede ‚otroci‘, ‚mladi‘, in ‚očetje‘ tukaj ne govorijo o fizični starosti, temveč se nanašajo na mero duhovne vere. Otrok ima lahko veliko mero duhovne vere, medtem pa ima lahko fizično odrasla oseba otroško mero duhovne vere.

Vera novorojenčkov

Ko oseba, ki prej ni poznala Boga, sprejme Jezusa Kristusa, so ji odpuščeni vsi grehi, pri tem pa prejme dar Svetega Duha ter moč, da postane Božji otrok (Janez 1:12). Ta vera, ki je ravno dovolj velika za odrešenje, je vera majhnega otroka, ki v primerjavi s fizičnim telesom ni nič večja od novorojenčka.

Ti ljudje slabo poznajo resnico in se ne trudijo živeti po njej. Toda oznanjen jim je bil evangelij in sprejeli so Gospoda, zato imajo vero novega vernika, po kateri lahko prejmejo Svetega

Duha in odrešenje.

Četudi so ponovno rojeni iz Svetega Duha, pa slabo poznajo Božjo besedo. Do neke mere sicer poznajo Besedo, vendar nimajo moči, da bi po njej živeli. Izpovedujejo svojo vero v Boga, vendar še naprej čutijo veliko ljubezen do sveta. In ko se znajdejo pred preizkušnjo, praviloma pogorijo in prevzame jih malodušje. Četudi smo rešeni in postanemo Božji otroci, ne smemo ostati na enaki stopnji vere. Tako kot novorojenčki hitro rastejo iz dneva v dan, tako mora rasti tudi naša vera, medtem ko uživamo Božjo besedo kot duhovno hrano.

Vera otrok

Ko vera novorojenčkov nekoliko zraste, postane vera otrok. Po obdobju dojenja so dojenčki sposobni do neke mere prepoznati svoje starše in okolico. Toda čeprav prepoznajo starše, pa o njih ne vedo ničesar, vključno s stopnjo njihove izobrazbe, kaj jim je všeč in kaj ne, ter njihovim značajem.

Ko govorimo o duhovni rasti, se otroci nanašajo na tiste, ki se zavedajo, da je Bog njihov Oče. O tem govori tudi Prvo Janezovo pismo 2:14: *„ Vam, otroci, Sem pisal, ker ste spoznali Očeta. "*

Poznati Očeta za vernike pomeni, da se zavedajo, da je Bog postal njihov Oče. Kot že rečeno dojenčki kmalu po rojstvu prepoznajo svojo mamo in očeta. In enako bomo tudi mi prepoznali Božjo voljo in Njegovo srce, potem ko bomo živeli v veri in sprejeli Jezusa Kristusa.

‚Poznati Očeta' hkrati pomeni, da dobro vemo, da moramo biti poslušni Njegovi besedi. Toda včasih smo poslušni, včasih pa ne. Ko smo skušani in preizkušani, se včasih pritožujemo, smo zavistni in malodušni. Zato ta stopnja vere seveda ne predstavlja polno mero vere.

Toda nekateri zatrjujejo, da poznajo Jezusa Kristusa in Boga, pa vendar še cerkve ne obiskujejo. Ti ljudje so enkrat ali dvakrat odprli Sveto pismo, slišali za krščanstvo od nekoga drugega, oziroma so nekoč že bili kristjani. Nikakor pa ne drži, da ‚poznajo Očeta'.

Če bi resnično poznali Boga, bi vedeli, da je Bog Stvarnik, ki je ustvaril nebesa in zemljo in našega duha, ter poslal Svojega edinorojenega Sina za naše odrešenje. Prav tako bi vedeli za obstoj nebes in pekla ter poznali pot do odrešenja. Če bi poznali vsa ta dejstva, bi zagotovo sprejeli Gospoda in hodili v cerkev. Tako pa niso sprejeli Gospoda in ne živijo v občestvu z Bogom, zato nikakor ni res, ko pravijo, da ‚poznajo Boga'.

Vera mladih

Ko otroci odrastejo, postanejo mladi odrasli ljudje. In ko v svoji veri odrastejo tisti, ki imajo vero otroka, pridobijo vero mladega človeka. Skozi molitev in Božjo besedo spoznajo pomen greha in kaj od njih pričakuje Bog.

Prvo Janezovo pismo 2:13-14 pravi: „*Pišem vam, mladi, ker ste premagali hudiča. Vam, mladi, Sem pisal, ker ste močni in je Božja beseda v vas in ste premagali hudiča.*" Božja beseda je v njih, zato vso svoje upanje polagajo v nebesa in ne v ta svet. Tako bodo premagali hudobnega duha, sovražnika hudiča in Satana. Z Besedo bodo premagali vse skušnjave sovražnika hudiča. Na tej stopnji vere ljudje ne omahujejo niti kadar se znajdejo pred preizkušnjami. Neprenehoma molijo in z zahvalnostjo premagujejo preizkušnje.

Vera očetov

Ko gredo ljudje skozi obdobje mladostništva, obdobje vitalnosti in močne volje, pridobijo izkušnje in boljšo sposobnost razumevanja življenja. Tako postanejo bolj razsodni in ponižni. In enako velja za vero. Kdor ima vero očeta, ima visoko stopnjo vere, zato razume globino in izvor Boga, kot tudi Božjo previdnost.

Vera očetov predstavlja stopnjo vere, pri kateri poznamo Tistega, ki je od začetka. Kot pravi Prvo Janezovo pismo 2:14: „*Vam, očetje, Sem pisal, ker ste spoznali Tistega, ki Je od začetka.*“ „Tisti, ki Je od začetka“ je seveda Bog. Vendar poznati Boga na stopnji očeta je popolnoma drugače kot poznati Boga na stopnji otroka. Poznavanje Boga na otroški stopnji vere lahko primerjamo s stopnjo razumevanja, ki jo ima nezrel otrok do svojih staršev.

Vera očeta pa je vera, ko poznate celo tiste globoke stvari Boga in od kod prihaja Bog Stvarnik. Mojzes je na primer poznal izvor Boga, zato je prejel razodetja od Boga in je napisal Pentatevh. Abraham je razumel globoko Božje srce in je z deli ugajal Bogu, zato je v Svetem pismu omenjen kot Božji prijatelj. Ta stopnja vere torej pomeni poznati Tistega, ki Je že od začetka.

Samo kadar razumemo globoko Božje srce in Njegov izvor, smo lahko popolnoma poslušni Božji besedi in ugajamo Bogu. Tovrstno vero imenujemo vera očetov. In tisti, ki jo imajo, bi morali dajati zgled številnim ljudem. Ti ljudje namreč ponižno sprejemajo vsakogar. Ne ozirajo se ne levo, ne desno, temveč neomajno stojijo na resnici. Razumejo Božjo voljo in Njegovo srce ter se Mu pokoravajo, in posledično so deležni Njegove ljubezni in blagoslovov.

3. Mera vere po Ezekielovem videnju

47. poglavje Ezekielove knjige govori o različnih merah vere, in sicer jih primerja z različno višino vode iz Ezekielovega videnja. Ezekiel je namreč videl vodo vreti izpod tempeljskega praga. Voda je tekla od spodaj, od desne strani templja, južno od oltarja.

Ezekiel 47:3-5 pravi: „*Mož je šel z merilno vrvico v roki proti vzhodu. Zmeril je tisoč komolcev in me peljal po vodi; voda mi je segala do gležnjev. Spet jih je nameril tisoč in me peljal po vodi; voda mi je segala do kolen. Spet jih je nameril tisoč in me peljal čez; voda mi je segala do ledij. Spet jih je nameril tisoč: zdaj je bila reka, ki je nisem mogel prebresti. Voda je namreč tako narasla, da je bila voda za plavanje, reka, ki je ni bilo mogoče prebresti.*"

Voda tukaj simbolizira Božjo besedo. Iz templja je torej vrela Božja beseda in se iztekala proti celotnemu svetu. Mož je z merilno vrvico v svoji roki izmeril tisoč komolcev proti vzhodu, kar pomeni, da bo Gospod izmeril vero vsakega posameznika ter nam izdal temu ustrezno sodbo z velikega belega prestola. Mož z merilno vrvico v roki je pravzaprav Gospodov angel, voda, ki je segala do gležnjev, kolen, ledij in še višje, ko je zadnjikrat izmeril tisoč komolcev, pa simbolizira posameznikovo mero vere.

Voda do kolen pomeni, da ima oseba vero novorojenčka, torej

ravno zadostno mero vere za odrešenje. Voda do kolen simbolizira vero otroka, voda do ledij vero mladeniča, voda za plavanje pa vero očeta.

Meritev tisočih komolcev predstavlja natančnost, popolnost ter široko in globoko srce Boga, ki vselej pretehta vse vidike. Pri merjenju posameznikove vere Bog namreč upošteva vse vidike, ne samo enega. Bog ne preišče samo posamezna dejanja, temveč seže v globino srca posameznika, da bi lahko podal popolnoma pravično in točno sodbo.

4. Mera vere po oceni posameznikovega dela

Prvo pismo Korinčanom 3:12-15 prav tako pripoveduje priliko o meri vere.

> *„Če pa kdo na tem temelju zida zlato, srebro, dragocene kamne, les, seno ali slamo – delo vsakega bo postalo vidno. Razkril ga bo namreč dan, ker se bo razodel z ognjem, in ogenj bo preizkusil, kakšno je delo tega ali onega. Kdor bo gradil na temelju, bo prejel plačilo, če bo njegovo delo zdržalo. Tisti pa, čigar delo bo zgorelo, bo trpel škodo. Sam se bo sicer rešil, vendar kakor skozi ogenj.“*

Temelj se tukaj nanaša na Jezusa Kristusa, ‚delo‘ pa predstavlja rezultat posameznikovega vloženega truda. Vsak bo namreč nagrajen v skladu s trudom in garanjem, ki ga je vložil v svoja dela vere. In delo vsakogar, ki veruje v Jezusa Kristusa, bo razkrito ‚na dan‘. Vendar kdaj je ta ‚dan‘?

Prvič – pri ocenjevanju naših cerkvenih dolžnosti. Po vsakem četrtletju bo vsak prejel oceno, kako uspešno je opravljal svoje dolžnosti v veri. Kdor je zadovoljivo opravljal svoje dolžnosti, ta bo nagrajen, ostali pa bodo deležni graje oziroma jim naslednjič ne bodo dodeljene naloge.

Drugič – ko smo soočeni z ognjenimi preizkušnjami. Kdor ima vero kakor zlato, se ne bo pritoževal pred Bogom, temveč se bo veselil in zahvaljeval, tudi ko se bo znašel pred preizkušnjami. Toda včasih se zdi, da tisti, ki imajo na videz veliko vneme in vere, ne kažejo iskrene vere, kadar so soočeni s preizkušnjami.

Tretjič – naše delo bo razkrito pred Bogom na zadnji sodni dan. Delo vsakega posameznika bo razkrito pred sodnim prestolom Boga. Bog bo natančno izmeril, kako zvesto smo delali za Božje kraljestvo na tej zemlji in kako smo bili posvečeni, ter nam v skladu z našo mero vere dodelil plačilo in nebeško bivališče.

Delo, ki se razkriva skozi ognjene preizkušnje

Ko bo Bog razkril delo vsakega posameznika, se bo to razlikovalo glede na njegovo mero vere. Nekateri imajo vero kakor zlato, drugi kakor srebro ali dragulji, spet drugi pa kakor les, seno ali slama.

Zlato je že od nekdaj zelo dragocena kovina, saj ima največjo duktilnost in kovnost med vsemi kovinami, hkrati pa skozi čas ne izgubi svojega sijaja, in ravno zato se je tako pogosto uporabljalo za izdelavo kovancev, okraskov ter ročnih del. Njegove lastnosti so nespremenljive in zlahka se ga obdeluje v različne oblike, zato velja za bolj dragoceno kovino od vseh drugih dragih kamnov. Srebro ima takoj za zlatom drugo največjo duktilnost in kovnost. Prav tako ima odlično toplotno prevodnost, zato se ga poleg kovancev in ročnih del uporablja tudi v industriji. Ni pa tako čudovito in bleščeče kot zlato.

Sledijo dragoceni kamni, ki se morda komu zdijo bolj dragoceni od zlata in srebra. Diamanti in smaragdi imajo čudovite barve in sijaj, vendar pa niso tako uporabni kakor zlato ali srebro, in tudi precej manj so vredni, kadar vsebujejo kak madež.

Razodetje 4:2-3 pravi: „*V hipu me je navdal Duh. In glej, v nebesih je stal prestol in na prestolu je sedèl Nekdo. Sedeči je bil na pogled podoben kamnu jaspisu in sardiju...* " Boga se primerja s kamnom jaspisa oziroma sardija, in sicer ti dragoceni kamni izražajo lepoto Boga, medtem ko Prvo pismo Korinčanom 3:12-15 dragocene kamne postavlja v senco zlata in srebra po koristnosti. No, nazadnje imamo še les, seno in slamo.

Bog preišče vsakogar, da bi preveril, kdo izkazuje delo iz zlata, srebra, dragocenih kamnov, lesa, sena ali slame. Kdor ima vero kakor čisto zlato, bo ostal neomajen tudi v času ognjenih preizkušenj. Z radostjo in zahvalnostjo bo premagoval preizkušnje ter prejel še večje blagoslove kot poprej. Toda s stopnjo srebra, dragocenih kamnov, lesa, sena in slame, moč za premagovanje preizkušenj postopoma močno upade. Srebro ne bo zgorelo, a je manj dragoceno od zlata. Dragoceni kamni prav tako ne zgorijo, a njihova vrednost močno pade, kadar so izpostavljeni ognju.

Tisti z vero dragocenih kamnov so običajno na videz uspešni, vendar pa med preizkušnjami izgubijo svojo strast in polnost.

Ker pa dragoceni kamni ne zgorijo v ognju, kljub temu ohranijo nekaj svojega dela. Četudi so slabši od tistih z vero iz zlata ali srebra, bodo v nebesih še vedno prejeli plačilo, seveda v skladu z deli njihove vere.

Vera, ki je kakor les, seno ali slama pa je seveda manj vredna od vere dragocenih kamnov, zato bo njihovo delo zgorelo v ognju. Nekateri od njih nimajo niti toliko vere, da bi dosegli odrešenje, pa čeprav obiskujejo cerkev in se zdi, da živijo življenje polno vere. Vera lesa, sena ali slame vsekakor ni zadostna, zadovoljiti pa se ne smemo niti z vero dragocenih kamnov ali srebra. Vsi moramo težiti k temu, da bi imeli vero čistega zlata, saj bomo le tako prejeli veliko čast in plačilo, ko bo Bog preizkusil naše delo na poslednji dan.

Sveto pismo veliko govori o meri vere. Pismo Efežanom 4:13 pravi: „ ... *dokler vsi ne pridemo do edinosti vere in do spoznanja Božjega Sina, do popolnega človeka, do mere doraslosti Kristusove polnosti.* " Kot je zapisano, se moramo neprenehoma dopolnjevati v naši meri vere, dokler ne osvojimo mero doraslosti Kristusove polnosti.

In da bi to dosegli, moramo priti do edinosti vere in do spoznanja Božjega Sina, za kar pa ni dovolj samo poslušanje in razumsko poznavanje Svetega pisma, temveč moramo verovati in to dokazovati s svojimi dejanji. In ko se na tej svoji poti uspešno upremo grehu, takrat lahko postanemo pravi Božji otroci, po katerih hrepeni Bog. Takrat si lahko delimo večno ljubezen z Gospodom ter z Njim hodimo na tej zemlji in tudi v nebesih.

Prva stopnja vere

❧

„Peter jim je odgovoril:

,Spreobrnite se! Vsak izmed vas naj se dá

v imenu Jezusa Kristusa krstiti

v odpuščanje svojih grehov in prejeli boste dar Svetega Duha.

Zakaj obljuba velja vam in vašim otrokom in vsem,

ki so daleč, kolikor jih bo k sebi poklical Gospod,

naš Bog. '"

(Apostolska dela 2:38-39)

❧

Pri potovanju nam kažipoti razkrivajo, kako daleč še moramo potovati do našega cilja, in to nam daje določeno uteho. In na podoben način lahko pridobimo večjo mero vere, kadar s pomočjo Besede poznamo trenutno stanje naše vere. Tako kot se po stopnicah vzpenjamo korak za korakom, tako tudi naša vera raste korak za korakom.

Ogledali smo si prispodobo vere, pri čemer smo si pomagali z zlatom, srebrom, dragocenimi kamni, lesom, senom in slamo. Sicer pa lahko mero vere — če izvzamemo tisto mero, s katero ne moremo doseči odrešenja — kategoriziramo na pet stopenj glede na pripadajoče značilnosti. Najnižja od teh stopenj je prva stopnja vere.

1. Vera za dosego odrešenja

Prva stopnja vere je ‚vera za dosego odrešenja‘, ki jo lahko imenujemo tudi ‚vera za prejem Svetega Duha.‘ Po Adamovem padcu smo vsi rojeni z izvirnim grehom, hkrati pa človek vse življenje greši in sledi hudiču, gospodarju greha. Zaradi izvirnega greha in lastnih grehov je tako človek obsojen na pekel.

Čeprav veliko ljudi velja za dobre in pravične, so v luči resnice nedvomno prav tako grešniki. Tako kot se pod močno svetlobo razkrije še najmanjši delec prahu, tako bo v luči Božje besede razkrita tudi tista prikrita hudobija. Kot pravi pismo Rimljanom 3:10: *„NI PRAVIČNEGA, NITI ENEGA, "* ni nihče brez greha, sodeč po pravičnosti postave.

Še zlasti v Božjih očeh, kjer za greh ne veljajo samo dejanja, ki se kažejo navzven, kot so izbruhi jeze, prepirljivost in kraja, temveč tudi sami občutki sovraštva in zavisti znotraj nas. Prvo Janezovo pismo 1:8 pravi: *„Če rečemo, da smo brez greha, sami sebe varamo in resnice ni v nas. "*

Ljubeči Bog je poslal Svojega edinorojenega Sina za naše odrešenje, kajti grešniki smo obsojeni na smrt (Rimljanom 6:23). Tako pa je Jezus s Svojo smrtjo plačal ceno za naše grehe. A ker je bil Jezus brez greha, Je premagal smrt in tretji dan vstal od mrtvih.

Kdor to veruje, mu bodo odpuščeni grehi in bo rešen po Jezusovi krvi. Ko nam je oznanjen evangelij in ko sprejmemo Jezusa Kristusa kot našega osebnega Odrešenika, takrat Bog pošlje Svetega Duha v naše srce. Kot pravi Janez 1:12: *„Tistim pa, ki so jo sprejeli, je dala moč, da postanejo Božji otroci, vsem, ki verujejo v Njeno ime, "* nam Bog daje tudi pravico, da postanemo Božji otroci.

V kolikor sprejmemo Jezusa Kristusa, dosežemo odpuščenje grehov in odrešenje, ter postanemo Božji otroci (1 Janez 2:12), to pomeni, da smo osvojili prvo stopnjo vere, ki je enakovredna ‚veri novorojenčkov' in ‚veri sena'.

2. Vera za prejetje Svetega Duha

V Apostolskih delih 19:1-2 apostol Pavel vpraša učence v Efezu: „*Ali ste prejeli Svetega Duha, ko ste postali verni?*" Nakar učenci odvrnejo, da za Svetega Duha še slišali niso.

Učenci so verovali v Boga in v krst Janeza Krstnika, niso pa vedeli za Svetega Duha. Apostol Pavel jim je pričeval o Jezusu, nanje položil roke in takrat je nadnje prišel Sveti Duh. Bog je obljubil, da bo v poslednjih dneh razlil od Svojega duha čez vse človeštvo (Joel 2:28; Apostolska dela 2:17). In to se je tudi izpolnilo. Združili so se namreč vsi tisti, ki so prejeli Božjega duha, oziroma Svetega Duha, ter ustanovili cerkev.

Šele ko prejmemo Svetega Duha, lahko postanemo Božji otroci. Apostolska dela 2:38 opisujejo, kako lahko prejmemo Svetega Duha. In sicer piše: „*Spreobrnite se! Vsak izmed vas naj se dá v imenu Jezusa Kristusa krstiti v odpuščanje svojih grehov in prejeli boste dar Svetega Duha.*"

Ko nam je oznanjen evangelij, odpremo svoje srce, se pokesamo kot grešniki ter dosežemo odpuščenje grehov, takrat bo Bog poslal Svetega Duha v naše srce. Sveti Duh je Božji dar, ki se daje kot poroštvo tistim, ki so sprejeli Jezusa Kristusa in postali Božji otroci (2 Korinčanom 1:21-22).

Ko prejmemo Svetega Duha, bo naše ime vpisano v knjigo življenja rešenih Božjih otrok, in prejeli bomo državljanstvo nebeškega kraljestva. Tako kot vpišemo novorojenčka v matični register, tako je zabeleženo tudi naše ime, ko postanemo nebeški prebivalci.

Sveti Duh pride nad tiste Božje otroke, ki so sprejeli Jezusa Kristusa, oživi njihove mrtve duhove in jih vodi do življenja po

Božji volji.

Na prvi stopnji vere ljudje zgolj prejmejo Svetega Duha za svoje odrešenje, pri tem pa niso nič storili za Boga. Božje besede niso ne slišali, niti ji niso sledili, in tudi proti grehu se niso borili. Prav ničesar niso storili za Božje kraljestvo in Njegovo slavo, in tudi cerkvenih dolžnosti niso opravljali. Tej prvi stopnji vere pripada hudodelec, ki je dosegel odrešenje v 23. poglavju evangelija po Luku.

3. Vera hudodelca, ki je bil križan ob Jezusu

Luka 23:33 opisuje, kako sta bila ob Jezusu križana tudi dva hudodelca, vsak na svoji strani Jezusovega križa. Eden od njiju je skupaj z drugimi ničvredneži kritiziral in zaničeval Jezusa, medtem pa je drugi grajal tega prvega hudodelca in priznal svojo vero pred Jezusom. V Luku 23:42 so zabeležene njegove besede: *„Jezus, spomni Se me, ko prideš v Svoje kraljestvo!"* Svojega duha je izročil Jezusu, in On mu je rekel: *„Resnično, povem ti: Danes boš z Menoj v raju."* Ta hudodelec je sprejel Jezusa Kristusa za svojega Odrešenika in tako v zadnjih trenutkih svojega življenja prejel obljubo nebeškega kraljestva.

,Danes boš z Menoj v raju' ne pomeni, da Jezus biva v raju, temveč je Jezus to izgovoril preprosto zato, ker je On gospodar vsega nebeškega kraljestva, vključno z rajem.

Raj je bivališče za tiste, ki so prejeli tako imenovano sramotno odrešenje, in sicer predvsem za tiste na prvi stopnji vere. Gre za prostor, ki se nahaja na obrobju nebeškega kraljestva, in ti ljudje niso deležni nobenega plačila. Tisti hudodelec je v dobri vesti priznal svoje grehe in sprejel Jezusa Kristusa, za kar so mu bili odpuščeni vsi njegovi grehi. Ničesar dobrega ni storil za Gospoda in prav zato je odšel v raj.

V kolikor bi hudodelec preživel, bi lahko vodil zgledno življenje v veri, potem ko je dosegel odrešenje, in posledično bi se lahko zanj končalo drugače. Če bi stregel poželenjem Svetega Duha, se vzdržal pred grehi ter zvesto služil Božjemu kraljestvu, bi lahko zrasel v veri, pridobil drugo ali tretjo stopnjo vere ter si zagotovil veličastnejše nebeško bivališče.

Morda ljudje mislijo, da prvi stopnji vere pripadajo samo tisti, ki so komaj sprejeli Jezusa Kristusa in šele nedavno prejeli Svetega Duha, toda temu ni nujno tako. Če se ne trudimo izpolnjevati Božje besede, čeprav smo že dolgo časa verni in dobro poznamo Božjo besedo, potem tudi mi pripadamo prvi stopnji vere, ki je komaj zadostna za dosego odrešenja.

Poleg tega se nekateri ljudje, za katere se zdi, da imajo veliko mero vere, vdajajo delom mesa (grešnim dejanjem), kot so kraja, laganje ali spolna nečistost. Ti ljudje lahko nazadujejo nazaj na prvo stopnjo vere, kar je odvisno predvsem od resnosti njihovih grehov.

Po prejetju Svetega Duha so sicer ljudje praviloma polni Duha in izpolnjujejo vso Besedo, ki jo spoznajo v cerkvi, zato se tisti hip morda zdi, da imajo veliko vero. Toda čez čas se nekateri vrnejo k posvetnemu življenju in izgubijo polnost Duha. Ponovno se začno družiti s svetom in pri tem veliko grešijo. Sčasoma Sveti Duh v njih ugasne in takrat jim je težko ohranjati že prvo stopnjo vere.

Potemtakem, če ste še zmeraj na prvi stopnji vere, se s tem nikakor ne zadovoljite in ne stagnirajte. Udeležujte se bogoslužja, molitvenih in drugih srečanj, da boste spoznali in izpolnjevali Božjo besedo ter tako še najhitreje osvojili drugo in tretjo stopnjo vere. Kajti če ne živite po Božji besedi in kar naprej grešite, bo vaše ime, ki je zapisano v knjigi življenja, kmalu izbrisano, kar pomeni, da ne boste prejeli odrešenja.

4. Raj – bivališče za tiste na prvi stopnji vere

Raj je bivališče za tiste na prvi stopnji vere. Gre za najnižje bivališče znotraj nebeškega kraljestva, ki pa je še vedno tako polno sreče, lepote in spokojnosti, da ga ni mogoče primerjati z nobenim krajem na zemlji. Predstavljajte si najlepši, najprijaznejši in najsrečnejši kraj, ki ga lahko pričarate z vso vašo domišljijsko močjo.

Beli oblaki kot na sliki lebdijo na jasnem modrem nebu. Stojite na plaži z mehkim bleščečim peskom. Morje je tako čisto, da se jasno vidi vse do dna. Med koralnimi grebeni plavajo različne vrste rib s prečudovitimi barvami.

Tam so tudi čudovite rastline in drevesa. Prekrasne cvetlice bujno cvetijo in zaznate lahko njihov vonj, ki se širi povsod okrog vas. Mehke trate se razprostirajo v nedogled. V prijetnem vremenu, saj ni ne pretoplo ne prehladno, lahko slišite veselo smehljanje kopice ljudi. Ob pogledu na tako čudovit in spokojen kraj bi celo neverniki vzklikali: ‚Tukaj je kot v nebesih!‘ ali pa: ‚To je raj na zemlji!‘

A tudi najlepši kraj na tej zemlji ali iz vaše domišljije se ne more primerjati z rajem v nebeškem kraljestvu, kjer je že en sam list in ena rastlina tako zelo drugačna od rastlin na zemlji. Že eno samo ptičje pero ima drugačno barvo, mehkobo in sijaj. Če torej vstopite v raj in se znajdete v središču tako sanjskega prizora, si ne boste mogli pomagati, da ne bi bili ganjeni nad Božjo ljubeznijo. In takrat boste pomislili: ,Kako je lahko oseba, kot sem jaz, deležna tolikšne milosti?'

Kristalno jasna voda življenja, ki izvira iz Božjega prestola, teče skozi Novi Jeruzalem v tretja nebesa, nato v druga nebesa, prva nebesa in nazadnje priteče v raj. Na obeh straneh reke, po katere se pretaka voda življenja, rastejo drevesa življenja, ki vsak mesec rodijo dvanajst različnih sadov. Kdor je videl raj s svojimi duhovnimi očmi, je zagotovo videl dobro preskrbljen kraj s številnimi veličastnimi vrtovi in neskončnimi tratami.

Petje velikega števila ptic se sliši kot glasba, cvetje cveti in oddaja čudovite vonjave, in drevesnih sadov lahko pojeste kolikor vam srce poželi. Tam ni bolezni, umiranja in nobenih nevarnih živali ali naravnih katastrof.

Bi potemtakem živeli v raju za vse veke? Raj je seveda odličen kraj, vendar se kljub temu ne smemo zadovoljiti z njim, temveč si moramo s silo utreti pot v boljša nebeška bivališča. Naj bo raj še tako lep, pa je sreča v njem povsem drugačna od tiste, ki jo čutimo v prvih nebesih. In te razlike se samo še stopnjujejo, ko govorimo o še višjih nebeških bivališčih.

Lahko si na primer predstavljate veličastne gradovom podobne hiše, zgrajene iz suhega zlata in različnih draguljev. In lahko si predstavljate, kako nosite veličastne vence in prekrasna oblačila, kot princi in princese. Prav tako vas obkrožajo angeli, ki vam služijo kot gospodarjem. Teh reči ne boste našli v raju.

Prebivalci raja niso deležni nobenega nebeškega plačila, vencev ali zasebnih domov. Nebeški zakladi se dajejo samo takrat, ko ravnamo v veri in naredimo kaj dobrega za Božje kraljestvo. S prvo stopnjo vere človek komaj doseže odrešenje, zato si seveda ni mogel nabrati nebeških zakladov.

Četudi nimajo zasebnih domov, pa seveda ne tičijo ves čas na tratah. Tudi na tej zemlji imamo nekakšna vaška zbirališča, kjer se ljudje družijo. In ravno tako so tudi v raju prostori, ki nudijo udoben počitek in kjer se zbirajo tamkajšnji prebivalci. Skupaj uživajo ponujeno udobje, vendar med njimi ni nobenih trenj in nihče ni zapostavljen. V nebesih namreč ni hudobije, zato se med seboj spoštujejo, si pomagajo in so nasploh zelo srečni.

Navkljub vsej sreči, ki vlada v raju, pa ne smete dejati: „Zadovoljen sem z odhodom v raj." Če resnično imate vero, boste hrepeneli po boljšem nebeškem bivališču. In da bi si ga izborili, boste izpolnjevali Božjo besedo, odstranili hudobijo iz svojega srca in postali sveta oseba. Ta dober boj za veličastnejše nebeško bivališče pa hkrati predstavlja tudi začetek prehoda na drugo stopnjo vere.

Nekateri pravijo: „Za zdaj bom užival na tem svetu, cerkev pa začel obiskovati šele kasneje, ko bom ostarel." Oznanjen jim je bil evangelij in ga poznajo, a kljub temu ljubijo ta svet in ne želijo živeti v Kristusu. Toda kdo pozna točen čas svoje smrti? In tudi če vedo, kdaj bodo umrli in se trudijo živeti v Kristusu, ali imajo kakšno zagotovilo, da bodo dejansko prejeli vero za dosego odrešenja?

Sveti Duh je Božji dar, ki se daje po Njegovi milosti in ga ne moremo prejeti samo zato, ker si to želimo. Četudi priznavamo svojo vero, ne moremo vstopiti v nebeško kraljestvo, dokler nam ni dana vera in dokler ne prejmemo Svetega Duha. In če kdo od vas še ni prejel Svetega Duha, nemudoma prosite Boga za Njegovo milost in za prejem Svetega Duha. Če pa ste že prejeli Svetega Duha, se pri tem ne ustavljajte, temveč zaživite še bolj marljivo krščansko življenje, da si boste zagotovili veličastnejše nebeško bivališče ter obilne blagoslove, ki so jih deležni Božji otroci.

Druga stopnja vere

～

„ V sebi torej odkrivam tole postavo:
kadar hočem delati dobro, se mi ponuja zlo.
Kot notranji človek namreč z veseljem soglašam z Božjo postavo,
v svojih udih pa vidim drugo postavo,
ki se bojuje proti postavi mojega uma in me usužnjuje postavi greha,
ki je v mojih udih. Jaz nesrečnež! Kdo me bo rešil telesa te smrti?
Zahvaljen bodi Bog po Jezusu Kristusu, našem Gospodu.
Potemtakem z umom služim Božji postavi,
z mesom pa postavi greha. “
(Rimljanom 7:21-25)

～

Sprejemom Svetega Duha pridobimo zagotovilo za odrešenje. Prepričani smo, da je bil Jezus križan, vstal od mrtvih ter postal naš Odrešenik. In takrat so vse manjše bolezni nemudoma ožgane z ognjem Svetega Duha. Nekateri ljudje prejmejo tudi darove Svetega Duha, kot je govorjenje v drugih jezikih. Po Njegovi milosti občutimo luč v našem srcu in napolnjeni smo z radostjo in srečo. Neprenehoma se zahvaljujemo in z veseljem obiskujemo cerkev.

Na ta način ljudje sčasoma prerastejo prvo stopnjo vere ter napredujejo proti drugi in tretji stopnji vere. V kolikor pa njihova vera preneha rasti, začne Sveti Duh v njih vzdihovati, zaradi česar izgubijo polnost in popade jih globoka skrušenost. Zdaj pa si oglejmo značilnosti druge stopnje vere.

1. Vera, ko si prizadevamo ravnati po Besedi

Druga stopnja vere je ‚vera, ko si prizadevamo ravnati po Besedi.‘ Verniki z veseljem preučujejo Božjo besedo. Pri bogoslužjih in srečanjih spoznajo, da morajo posvečevati Gospodov dan in prispevati primerne cerkvene desetine. Prav tako spoznajo Božjo besedo, ki pravi: ‚Ljubite, molite, služite drug drugemu, živite v miru,‘ ter: ‚Ne sovražite, ne prešuštvujte, ravnajte v dobro drugih,‘ in tako naprej.

V skladu z Besedo si prizadevajo, da bi pridobili srce Gospoda, in takrat jim začne Sveti Duh, ki biva v njihovih srcih, glasno poudarjati Božjo besedo, kar jim pomaga živeti znotraj resnice.

Pismo Rimljanom 8:26 pravi: *„Prav tako tudi Duh prihaja na pomoč naši slabotnosti. Saj niti ne vemo, kako je treba za kaj moliti, toda sam Duh posreduje za nas z neizrekljivimi vzdihi. "*

Kadar Božji otroci ne živijo po Božji besedi, temveč ravnajo nepostavno, začne Sveti Duh v njih vzdihovati in popade jih globoka skrušenost. Kadar pa sledijo Besedi in ravnajo znotraj resnice, takrat se Sveti Duh raduje, njihova srca pa preplavita mir in sreča, saj so napolnjeni s Svetim Duhom.

Na prvi stopnji vere ljudje obiskujejo cerkev in verujejo v Gospoda, vendar še naprej živijo po svojih starih navadah. Mnogi od njih nikakor ne morejo prenehati piti in kaditi. Nekateri so hitre jeze in grobih besed, spet drugi pa celo lažejo v svojo korist. Ti ljudje pravzaprav niso veliko drugačni od posvetnih ljudi.

Ker ne poznajo Božje besede in ne ločijo med resnico in krivico, se sploh ne zavedajo, da grešijo. So kakor novorojenčki, ki se ne sramujejo svoje golote. Na tej stopnji ne morejo niti slišati vzdihov Svetega Duha.

Toda željni so se ravnati po Božji besedi, ki so se je naučili. In ko enkrat začnejo izpolnjevati Božjo besedo, takrat vstopijo na drugo stopnjo vere, kjer pa lahko čutijo vzdihovanje Svetega Duha, kadar grešijo. Takrat pomislijo: „Resnica mi prepoveduje to početje. Beseda pravi, naj ne..." V srcu občutijo tesnobo, izgubijo polnost in dojamejo, da Bog ni zadovoljen z njimi.

2. Najtežje obdobje v življenju kristjana

Druga stopnja vere je vera otrok in je kakor vera lesa. Ljudem na tej stopnji vere se pogosto zdi, da je krščansko življenje izredno težko. Slišali so Božjo besedo in jo razumejo, a je ne zmorejo izpolnjevati v celoti. Trudijo se ravnati v skladu z resnico in tako jim včasih uspe zmagati v duhovnih bitkah, spet drugič pa so pri tem poraženi.

Zavedajo se, da bi morali darovati cerkvene desetine, a včasih tega ne storijo. Trudijo se, da ne bi sovražili drugih, vendar v sebi še vedno nosijo sovraštvo. Nagnjeni so k prešuštvu, zato postanejo pohotni ob pogledu na osebe nasprotnega spola. In ko se znajdejo pred preizkušnjami, pogosto niso hvaležni, temveč se pritožujejo.

Močno se trudijo ravnati po Besedi, a so pri tem neuspešni. Vse to so razlogi, zakaj je to najtežje obdobje v življenju kristjana. A to nam ne sme jemati poguma, pač pa moramo vztrajati z vero. Četudi na tej točki ni mogoče v celoti izpolnjevati Besede, Bog namreč priznava, da imamo dovolj vere za odrešenje, saj upošteva naša prizadevanja, ko se trudimo živeti po Njegovi besedi.

Prav tako, kadar verniki na tej stopnji prosijo Boga za moč in se trudijo ravnati po Besedi, bodo zagotovo začutili, da se v njih nekaj spreminja. Kdor je bruhal jezo desetkrat v mesecu, bo zdaj samo še petkrat, trikrat in nazadnje bo v celoti prenehal grešiti. In ko se človek tako spremeni, se močno približa tretji stopnji vere.

V sedmem poglavju Pisma Rimljanom apostol Pavel opisuje, zakaj je tako težko živeti krščansko življenje.

Pismo Rimljanom 7:21-23 pravi: *„ V sebi torej odkrivam tole postavo: kadar hočem delati dobro, se mi ponuja zlo. Kot notranji človek namreč z veseljem soglašam z Božjo postavo, v svojih udih pa vidim drugo postavo, ki se bojuje proti postavi mojega uma in me usužnjuje postavi greha, ki je v mojih udih. "*

Nekateri verniki čutijo tesnobo, potem ko jim je oznanjena Božja beseda, kajti v sebi nosijo željo po dobrih in tudi slabih delih, ki med seboj bijeta hud boj. Zato moramo biti zelo previdni, kadar nudimo duhovno pomoč tem ljudem.. Samo zato, ker pijejo in kadijo, jih ne moremo kar prositi, naj prenehajo.

Vzemimo za primer novega vernika, ki se udeležuje samo nedeljske jutranje maše, v popoldanskem času pa vodi svojo trgovino. V takšnem primeru mu je najbolje diskretno svetovati, da bo dosegel več prodaje med tednom in ustvaril več dobička, če bo imel ob nedeljah zaprto.

Kar pa še ne pomeni, da lahko te ljudi preprosto pustimo na stopnji vere, kjer se tisti trenutek nahajajo. Če otrok preneha rasti, pomeni, da ima resne zdravstvene težave in mu lahko grozi celo smrt. Enako pa velja tudi za vernike, kadar se ne trudijo ravnati po Božji besedi, takrat bo njihova vera upadla in lahko celo zaidejo s poti odrešenja, zato jim moramo vedno nuditi pomoč in pozornost.

Na drugi stopnji vere se ljudje trudijo ravnati po Besedi, vendar ne zaradi tega, ker bi v srcu razumeli Božjo voljo, ki se razodeva skozi Božjo besedo, pač pa jih preganja nek občutek dolžnosti.

Na primer, ko govorimo o posvečevanju Gospodovega dne, se za to zapovedjo skriva globok pomen, in sicer je Bog blagoslovil Gospodov dan, zato je posvečevanje tega dne nekakšen dokaz naše pripadnosti Bogu. Če to izpolnjujemo, sovražnik hudič in Satan ne more nad nas poslati preizkušenj. In ko se v srcu zavedamo pomena te Njegove zapovedi, nam ni težko izpolnjevati Besede, pač pa z veseljem slavimo in častimo Boga ter smo v občestvu z našimi brati in sestrami v veri.

Ko pa ljudje ne razumejo Besede v svojem srcu, so njihove okoliščine nekoliko drugačne. Namesto da bi ob nedeljah hrepeneli po obisku cerkve, si želijo ostati doma in počivati, oziroma poiskati zabavo s prijatelji.

V njih se rodi navzkrižje interesov, saj si po eni strani želijo posvečevati Gospodov dan, po drugi pa ga želijo kršiti. V človekovem srcu tako pride do boja med poželenjem Svetega Duha, ki si želi izpolnjevati Besedo, in poželenjem mesa, ki želi slediti posvetnemu svetu.

Ta boj je najsilovitejši takrat, ko sta obe poželenji enako ali podobno izraziti. Kadar je ena stran veliko bolj izrazita, takrat običajno sploh ne pride do konflikta. Kadar prevladuje srce resnice, se oseba lažje ravna po resnici, kadar pa prevladuje srce krivice, bo oseba sledila krivici.

Na srednji točki druge stopnje vere imata resnica in krivica skoraj enako moč, zato takrat poteka najsilovitejši boj, ki se lahko kaj hitro prevesi v eno ali drugo smer. V kolikor bomo molili in stregli poželenjem Svetega Duha, bo naše hrepenenje po krivici izgubljalo na moči.

Veliko lažje se bomo ravnali po resnici. Živeli bomo življenje v veri in čedalje bolj bomo srečni. Skozi ta naša prizadevanja bomo dosegli vero za ravnanje po Božji besedi. In prav ta vera za ravnanje po Božji besedi predstavlja tretjo stopnjo vere, oziroma vero za uživanje močne hrane, ne mleka ali mehke hrane.

3. Mleka sem vam dal piti, ne jedi

Sveto pismo opisuje, kako je apostol Pavel vzgojil člane korinčanske cerkve v njihovi veri, kakor da bi vzgajal otroke.

Tretje poglavje Prvega pisma Korinčanom 3:13 pravi: *„Bratje, nisem vam mogel govoriti kot duhovnim, ampak kot zgolj mesenim bitjem, kot nedoraslim v Kristusu. Mleka sem vam dal piti, ne jedi, saj je še niste zmogli. Pa tudi zdaj je še ne zmorete. Še ste namreč meseni. Mar niste še vedno meseni in zgolj ljudje, dokler sta med vami nevoščljivost in prepir?"*

Prisotnost nevoščljivosti in prepirov namiguje, da se oseba nahaja na prvi oz. drugi stopnji vere in da se ni sposobna ravnati po Božji besedi. Takšno osebo moramo voditi zelo diskretno in previdno, kot bi negovali dojenčka. Ravno zato piše, da so dobili piti mleka. Če pa njihova vera zraste do te mere, da razumejo in se znajo ravnati po Božji besedi, to pomeni, da lahko jedo močno hrano.

Kaj se bo zgodilo, če bomo dojenčka hranili z mesom in rižem namesto z mlekom? Ogrozili bomo njegovo življenje. Kadar vernikom nudimo duhovno nego, se moramo zavedati njihove mere vere in jih premišljeno voditi. Kar pa ne pomeni, da lahko kar ignoriramo in zapustimo novega vernika, kateri ne posvečuje nedelje. Naša naloga je, da mu pomagamo razumeti Božjo voljo. Lahko mu opišemo Božjo voljo, skupaj s pričevanji iz resničnega življenja, ter mu tako vcepimo vero, po kateri se bo nato lahko ravnal.

Kdor pije mleko, si mora prizadevati postati vernik, ki bo lahko užival močno hrano. Ko se ljudje na prvi ali drugi stopnji vere trudijo bojevati dober boj vere, jim Bog ne bo poslal preizkušenj. Toda ne smejo ostati na tej stopnji, temveč morajo povečati svojo vero skozi molitev in Božjo besedo. Takrat jim bo Bog poslal preizkušnje in jim odprl vrata do tretje stopnje vere, in če premagajo te preizkušnje, jih bo Bog nagradil s še večjo mero vere.

Kadar pa tisti na tretji stopnji vere ravnajo kot tisti na prvi stopnji vere, jih začne sovražnik hudič in Satan obtoževati in takrat lahko sledi kazen. Če zavestno ne sledimo Božji besedi, bomo namreč prej ali slej skrenili na pot pogube. Ravno zato nas mora Bog s težkim srcem kaznovati, kot rezultat obtožb s strani Satana (Hebrejcem 12:6-7).

Če namreč navkljub grešenju nismo kaznovani, to pomeni, da smo se do neke mere ločili od Božje ljubezni. In kadar Bog nekoga ne sprejme za Svojega otroka, bo njegova duša končala v peklu. Ko nam torej grozi kazen za naše grehe, se moramo nemudoma pokesati in se zavedati, da nas Bog kljub temu še vedno ljubi.

4. Prvo nebeško kraljestvo se daje tistim na drugi stopnji vere

Tisti na drugi stopnji vere bodo bivali v prvem nebeškem kraljestvu, kjer bodo za razliko od raja prejeli zasebne domove, vence in nebeško plačilo. Verniki, ki zmagoslavno končajo svojo dirko vere in stopijo v nebeško kraljestvo, bodo tam prejeli večne vence. In venec, ki se daje v prvih nebesih, se imenuje ‚nevenljivi venec'.

Prvo pismo Korinčanom 9:25 pravi: „ *Vsak tekmovalec pa se vsemu odreče, oni, da prejmejo venec, ki ovene, mi pa nevenljivega.* " Četudi pri sebi niso odpravili vseh krivičnih del, že samo dejstvo, da so se trudili ravnati po Božji besedi, dokazuje njihovo udeležbo na dirki vere. In zato bodo prejeli ‚nevenljive vence'.

V prvem nebeškem kraljestvu se nahajajo domovi, vendar ne gre za ločene zasebne hiše ali dvorce, pač pa so bolj podobni apartmajem in etažnim stanovanjem, kot jih poznamo na tem svetu. Tisti, ki so videli prvo nebeško kraljestvo, namreč potrjujejo, da so videli domove podobne apartmajem oziroma etažnim stanovanjem.

Domovi nebeškega kraljestva so zgrajeni iz nebeških surovin, kot so dragoceni kamni in suho zlato. Med nadstropji ni stopnic, temveč imajo čudovita dvigala, ki se samodejno ustavijo na želenem nadstropju, čeprav nihče ne pritisne gumba za določeno nadstropje. Ob vstopu v hišo je vse pripravljeno, tako da ne boste občutili nobenega nelagodja.

Če imate radi glasbo, so vam na voljo glasbeni instrumenti za igranje. Če radi berete, vas bodo pričakale knjige. Tam je tudi prostor za počitek, prilagojen po vaših željah. Vsaka hiša je zgrajena in okrašena po okusu lastnika, zato da boste neskončno veseli in zadovoljni.

V prvem nebeškem kraljestvu pa z izjemo domov ni nobene druge zasebne lastnine. Tam ni lepih vrtov, igrišč za golf, plavalnih bazenov ali drugih športnih objektov. Vse te stvari so namreč namenjene javni rabi. Tam tudi ni osebnih angelov, ki bi stregli izključno samo vam, pač pa angeli skrbijo za vse te objekte in nudijo pomoč Božjim otrokom, ko ti koristijo te prostore.

Nekatere ljudi skrbi, da bi lahko bilo življenje v nebesih dolgočasno. Toda nebesa nudijo veliko drugačnih vrst razvedrila, ki so tako zabavne in razburljive, da jih ni moč primerjati z ničemer na tej zemlji. Tako bomo na primer uživali v športnih igrah, veličastnih banketih in drugih oblikah zabave. Prav tako se nam bodo ves čas odpirala nova doživetja v tem neskončnem duhovnem svetu. In ker v nebesih ni mesenih želja, ni tudi spremenljivega počutja. Dolgčas sploh ne obstaja. Vsak trenutek je poln sreče in veselja. Kljub temu pa se ne smemo zadovoljiti s prvim nebeškim kraljestvom. Naš Oče Bog si želi, da bi hrepeneli in vstopili v najveličastnejše nebeško bivališče, v Novi Jeruzalem. Zato moramo odrasti in pridobiti še večjo mero vere.

Tretja stopnja vere

„ Zato je vsak,

ki posluša te Moje besede in jih uresničuje,

podoben preudarnemu možu,

ki je zidal svojo hišo na skalo. Ulila se je ploha,

pridrlo je vodovje in zapihali so vetrovi ter

se zagnali v to hišo, in vendar ni padla,

ker je imela temelje na skali. "

(Matej 7:24-25)

Preden sem postal duhovnik, sem obiskal številne molilnice na gorskih lokacijah ter tam molil in se postil. Nekega dne sem slišal skupino pastorjev govoriti o tem, ali so se Božji otroci sposobni držati desetih Božjih zapovedi. Naposled so zaključili, da človek tega ne zmore. Menili so, da se morajo truditi, a ker se ne morejo otresti grešne narave v svojih srcih, tudi ne morejo v celoti izpolnjevati zapovedi.

Glede Božje zapovedi ‚ne prešuštvuj‘ so na primer dejali, da so jo sposobni izpolnjevati v svojih dejanjih, nikakor pa se ne znajo otresti pohote same. Med poslušanjem njihovega pogovora mi je postalo zelo žal zanje. Vedel sem, da je prešuštvovanje v nasprotju z Božjo voljo, četudi to počnemo zgolj v našem srcu (Matej 5:26), zato sem molil in se veliko postil, da bi zatrl svoje poželenje po prešuštvu, in naposled mi je tudi uspelo.

Prvo pismo Tesaloničanom 4:3 pravi: „*Kajti to je Božja volja, vaše posvečenje: da se vzdržite nečistovanja.*“ Volja Očeta Boga nam narekuje, da se moramo upreti vsem grehom ter postati celoviti in popolni. Bog nam to zapoveduje, saj smo tega sposobni po naši veri in z Njegovo močjo, čeravno ne s svojo lastno močjo. Za razliko od časov Stare zaveze, je danes z nami Sveti Duh, zato smo sposobni brez težav izpolnjevati deset Božjih zapovedi.

1. Vera za ravnanje po Besedi

Sveto pismo v glavnem vsebuje štiri vrste zapovedi, in sicer „delaj", „ne delaj", „izpolnjuj" in „odpravi."

Na drugi stopnji vere se ljudje trudijo ravnati po Besedi, kar jim včasih uspe, spet drugič pa ne. Toda skozi ta njihova nenehna prizadevanja raste tudi njihova mera vere, in ko enkrat dosežejo stopnjo, ko so se sposobni brez težav ravnati po Besedi, to imenujemo tretja stopnja vere. Tretja stopnja vere je torej vera za ravnanje po Besedi.

Na drugi stopnji boste morda občasno še zagrešili dela mesa, medtem ko na tretji stopnji tega več ne boste počeli. S tretjo stopnjo so vaša dela prenovljena, vi sami pa postanete sol in luč tega sveta. Četudi vas ljudje obrekujejo ali kritizirajo po krivem, boste to mirno prenašali. Tudi v težkih časih se boste veselili in zahvaljevali. Služili in delovali boste v dobro drugih. In ko se ljudje ozirajo po tistih na tretji stopnji vere, pri sebi čutijo, da so ti ljudje vredni krščanskega imena.

Na tretji stopnji ne čutite odpora do Besede, pač pa jo prostovoljno izpolnjujete, ker razumete Božjo voljo. Toda zgolj razumsko poznavanje Besede je nekaj povsem drugega kot razumevanje Besede v svojem srcu. Kot primer vzemimo posvečevanje Gospodovega dne in darovanje cerkvenih desetin.

S posvečevanjem Gospodovega dne priznavamo duhovno oblast Boga in s tem dokazujemo, da naš duh pripada Bogu. Kadar Božji otroci posvečujejo Gospodov dan, jih Bog obvaruje pred nesrečo in boleznijo skozi ves teden ter obdari njihove duše.

Z darovanjem polnih cerkvenih desetin pa priznavamo

materialno oblast Boga ter da vsa naša osebna lastnina prihaja od Boga. Naj se še tako trudimo in garamo, če nas Bog ne blagoslovi, ne bomo želi nobenih sadov.

Ves naš prihodek namreč pripada Bogu, kljub temu pa Mu darujemo le eno desetino, s preostankom pa lahko ravnamo po svoji volji. Kadar darujemo primerne desetine, nas Bog obvaruje pred izgubo našega premoženja, prav tako pa nam obljublja, da Bo nad nas izlil blagoslovov do preobilja (Malahija 3:10).

So pa tudi verniki, ki so slišali in poznajo tovrstne Božje besede, a se jih ne morejo držati, in tudi kadar se jih, to počnejo z velikim odporom. V svojem srcu namreč ne razumejo, pač pa dojemajo zgolj razumsko. Medtem pa ljudje na tretji stopnji vere vsi posvečujejo Gospodov dan in darujejo desetine, saj v svojih srcih razumejo, da gre pri tem za blagoslov. Zaradi tega se tretja stopnja vere močno razlikuje od druge stopnje, saj se tisti na tretji stopnji ravnajo po Besedi in v srcu razumejo Božjo voljo.

2. Bojevanje dobrega boja zoper mesenih poželenj

Četudi ljudje na drugi stopnji ne razumejo Božje volje, so jo slišali in jo poznajo, zato molijo in se trudijo ravnati po Besedi, za kar jih Bog občasno nagradi z milostjo, zato da bi osvojili razumevanje iz globine svojih src. Na ta način pridobijo moč, s pomočjo katere se lahko vse bolj ravnajo po Besedi.

Novorojenčki sprva ne znajo hoditi. Najprej zgolj mahajo z rokami in nogami, in šele ko pridobijo nekaj moči, se začnejo kotaliti. Kmalu osvojijo kobacanje po vseh štirih in nazadnje se postavijo na noge. Skozi ta proces pridobijo moč v svojih nogah in naposled shodijo. Enako je z vero. Zgolj s poslušanjem pridige ne morete prejeti milosti in si nabrati moči, pač pa morate samostojno moliti in se truditi ravnati po Besedi. Šele takrat si bo Bog ogledal vaše srce in vam dal milosti, da boste razumeli Njegovo besedo. In ko boste pridobili moč za izpolnjevanje Besede, vam ravnanje po Besedi ne bo več predstavljalo bremena.

Zvesto krščansko življenje bo sčasoma postalo nekaj povsem naravnega in vsakdanjega znotraj vas. Krivica bo skoraj v celoti izrinjena iz vašega srca in ne boste se več vdajali delom mesa. Premagali boste mesena poželenja in grešno naravo vašega srca. Dokler pa Beseda v celoti ne objame vašega srca in dokler korenine zla niso povsem izrinjene, tako dolgo morate bojevati dober boj vere.

Prvo pismo Tesaloničanom 5:16-18 pravi: *„Zmeraj se veselite. Neprenehoma molite. V vsem se zahvaljujte: kajti to je Božja volja v Kristusu Jezusu glede vas."* No, pa si podrobneje oglejmo tretjo stopnjo vere, z zgornjim odlomkom v mislih.

Če v srcu ne razumete pomena tega odlomka, se boste v primeru stiske trudili veseliti in se zahvaljevati, toda le navzven. Globoko v sebi boste še naprej čutili: „Kako naj bom hvaležen, ko pa sem se znašel v tako težkem položaju?" Poskušali se boste veseliti, vendar bo to hitro postalo nevzdržno in že kmalu se boste pritožili pred Bogom.

V kolikor pa si še naprej prizadevate izpolnjevati Besedo, boste skozi molitev vse bolje razumeli Božjo voljo. Spoznali boste, da je življenje na tej zemlji zgolj začasno, in neizmerno hvaležni boste za upanje za vstop v večno nebeško kraljestvo. Zavedali se boste, da Bog sliši vaše molitve, zato boste slavili Boga in se veselili. Na ta način boste našli stvari, za katere ste lahko hvaležni.

Prav tako boste začeli verovati, da se je moč otresti vseh preizkušenj, kadar Bogu darujete zahvalno daritev v skladu z Njegovo besedo. Veselje in zahvaljevanje v skladu z Božjo besedo je dejanje luči, ki pripada Bogu. Sovražnik hudič in Satan nam pošilja skušnjave in preizkušnje. Toda ko svetloba napolni temačno sobo, se mora tema umakniti. In ravno tako, kadar ste resnično hvaležni in se veselite iz srca, duhovna svetloba prežene skušnjave in preizkušnje ter vam prinese blagoslove.

Šele ko boste iz srca sledili temu dejstvu, boste lahko veseli in polni zahvaljevanja tudi ob najtežjih trenutkih. Po milosti in moči Boga bodo takrat izginile vse skušnjave in preizkušnje, sami pa boste pridobili trdnejšo vero, s katero boste v prihodnosti veliko lažje premagovali preizkušnje ter se pri tem veselili in zahvaljevali.

Navidezno ravnanje po Besedi pa nujno še ne pomeni, da ste osvojili tretjo stopnjo vere. Četudi se vsako nedeljo udeležite pri maši, v kolikor ste to storili samo zaradi močnega prigovarjanja vaših družinskih članov, ali če med mašo zadremate, ali če vas prevzamejo prazne misli, da bi radi odšli domov za televizijski sprejemnik oziroma igrati nogomet, potem nikakor niste na tretji stopnji vere.

Poleg tega mora biti vera neomajna, vendar včasih, potem ko so ljudje darovali Bogu, blagoslovi ne pridejo nad njih dovolj hitro, zato obžalujejo svojo daritev oziroma se vrnejo k staremu načinu življenja. Za te ljudi ne moremo reči, da so v svojem srcu dosegli nivo razumevanja za ravnanje po veri. In zato tudi ne moremo izmeriti posameznikovo mero vere zgolj na osnovi ene ali dveh lastnosti, ki jih oseba kaže navzven. Mera vera se kaže skozi posameznikovo razumevanje in izpolnjevanje Božje volje.

Prvo Janezovo pismo 2:14 pravi: „ ... *Vam, mladi, sem pisal, ker ste močni in je Božja beseda v vas in ste premagali hudiča.* " Vera mladih v tem odlomku predstavlja tretjo stopnjo vere.

Ker v sebi nosijo Božjo besedo, lahko v vsakem trenutku sledijo Besedi, in z mečem njihove Besede premagujejo hudiča in Satana. In ko se znajdejo v težavah, so morda za trenutek zaskrbljeni, a že kmalu preusmerijo svoje misli, se prepustijo v Božje roke in darujejo zahvalne molitve. Boga prosijo za moč, kajti On je tisti, ki deluje v dobro vsega. Če ostajamo v Božji besedi in če Božja beseda ostaja v nas, lahko z Božjo močjo premagamo vse prepreke.

3. Zgodnja faza tretje stopnje in skala vere

Čeprav se nekateri ljudje nahajajo na enaki stopnji vere, pa ima vsak posameznik drugačno mero vere. Če bi stopnje razdelili na odstotke, je lahko posameznikova mera vere 10 %, 20 % ali 50 % znotraj enake stopnje vere. In ko oseba doseže 100 %, takrat napreduje na višjo stopnjo. Če ste denimo na drugi stopnji vere, bolj ko se približate stotemu odstotku, bliže boste tretji stopnji vere. In ko dosežete stoti odstotek tretje stopnje vere, takrat stopite na četrto stopnjo vere.

Čeravno se ljudje na tretji stopnji ravnajo po Besedi, pa jim v glavah vrvijo določene nasprotujoče si misli. Razumejo in si želijo izpolnjevati Božjo voljo, vendar še niso v celoti izrinili grešne narave iz svojega srca, zato ti dve poželenji med seboj bijeta boj. Na eni strani so duhovne misli, ki sledijo dobremu, na drugi pa mesene misli, ki stremijo po zlu.

Kot sem že pojasnil, ko se na drugi stopnji vere znajdete v stiski, se trudite veseliti in se zahvaljevati, a ker vam vselej ne uspe premagati težav, včasih pokažete svoje nezadovoljstvo. Tretja stopnja vere pa je že tista, ko se znate veseliti in zahvaljevati tudi v primeru stiske. Še vedno pa ta tretja stopnja ne prinaša popolnega veselja in zahvaljevanja.

Ko se v zgodnji fazi tretje stopnje znajdete v težavah, se vam porodijo mesene misli, kot na primer: „Pretežko je." Morda vas prevzame malodušje in takrat lahko izgubite tudi polnost Duha. Toda že kmalu zaslišite glas Svetega Duha, prebudite svoje srce z resnico in pomislite: „Počakaj! Zakaj bi bil malodušen, ko pa vendar Bog živi?" Prav tako, kadar molite na ves glas, da bi se lahko še bolj iskreno veselili, zahvaljevali ter prejeli Božjo milost in moč, boste prav zares napolnjeni z večjo hvaležnostjo in veseljem.

Ko dosežete šestdeseti odstotek tretje stopnje vere, to pomeni, da ste v velikem obsegu pregnali grešno naravo iz svojega srca. Od tega trenutka naprej se brez večjih težav ravnate po Božji besedi, saj ste premagali grešno naravo in s tem tudi zlo, ki vam ga zdaj ni potrebno zadušiti oz. zatreti. Četudi se nenadoma znajdete v težavah, boste še naprej veseli in hvaležni, brez vsakega pritoževanja in malodušja. Morda boste za hip pomislili na vaše težavne okoliščine, a boste te misli nemudoma pregnali in se že kmalu ponovno veselili.

Matej 7:24-25 pravi: *„Zato je vsak, ki posluša te Moje besede in jih uresničuje, podoben preudarnemu možu, ki je zidal svojo hišo na skalo. Ulila se je ploha, pridrlo je vodovje in zapihali so vetrovi ter se zagnali v to hišo, in vendar ni padla, ker je imela temelje na skali.* " Prvo pismo Korinčanom 10:4 pa dodaja: „*...in ta skala je bil Kristus.* " Če gojite vero za dosledno ravnanje po Besedi in vas skušnjave in preizkušnje ne prizadenejo, takrat lahko rečemo, da trdno stojite na skali Jezusa Kristusa.

V kolikor presežete šestdeseti odstotek tretje stopnje, takrat lahko rečemo, da stojite na skali vere. Na tej točki vam ni več težko ali obremenjujoče ravnati se po Besedi, pač pa čutite veselje in srečo vsak dan svojega življenja.

Če dosežete sedemdeseti ali osemdeseti odstotek, trdno stojite na skali vere, izpolnjevanje Besede pa postane vaša dobro ustaljena navada. Bolj ko se približate četrti stopnji vere in se še naprej vzdržujete mesenih poželenj na tretji stopnji, jasnejša bo vaša komunikacija z Bogom in močneje boste čutili Njegovo ljubezen.

Na tej točki sicer še vedno ne ljubite tistih, ki vam povzročajo preglavice, a jih tudi sovražite ne. Predstavljajte si, da obupno potrebujete denar, ko na ulici zagledate denarnico. Celo v tem primeru ne boste imeli nobenih dvomov o tem, ali bi poskušali najti lastnika. Denarnico boste preprosto vrnili. Ko v sebi nimate mesenih misli in brez oklevanja sledite dobremu, in ko se v vsaki situaciji veselite in zahvaljujete, to pomeni, da ste osvojili četrto stopnjo vere.

Naj vam opišem še en primer. Predpostavimo, da je eden vaših sodelavcev zelo nesramen do vas in vam skuša naložiti delo, ki bi ga moral opraviti on sam. Če ste na drugi stopnji vere, se boste v tej situaciji počutili užaljene oziroma boste gojili zamere, ki jih boste skušali zadušiti in ugoditi sodelavcu, a vaše srce bo še vedno polno nezadovoljstva. In ko ne boste več prenesli nelagodja, boste morda javno stresli jezo nanj. No, medtem pa na tretji stopnji ne boste izbruhnili na tak način, temveč boste razmišljali pozitivno, češ da ima sodelavec gotovo svoje razloge, zato boste ustregli njegovim željam.

V zgodnji fazi tretje stopnje, ko resnica še ni v celoti vzgojena v vašem srcu, vas bo morda za trenutek še zajel občutek sovraštva, a že kmalu boste spremenili način razmišljanja in poskušali ravnati s pravičnostjo v vašem srcu.

Neprijetne misli vas lahko prešinejo tudi kadar stojite na skali vere, vendar jih boste nemudoma spremenili v duhovne misli in takrat boste lahko z mirno vestjo stregli drugim. Kadar pa znate ustreči drugemu, ne da bi vas pri tem obšla sleherna neprijetna misel, takrat to pomeni, da ste postali človek duha na četrti stopnji vere.

Cerkveni voditelji morajo biti na tretji stopnji vere

Ko že dlje časa živite krščansko življenje in pridobite izkušnje, boste verjetno pridobili različne cerkvene nazive, kot so starešina, višji diakon, vodja celice ali vodja manjše skupine. Da pa bi lahko dobro poskrbeli za duše, morate biti vsaj na tretji stopnji vere, kajti če ste na drugi stopnji vere in še sami nimate trdne vere, potem seveda ne boste znali voditi drugih duš. Če ste poslušali celo vrsto pridig in ste še zmeraj na drugi stopnji, ste gotovo zgrešili pomen besed, kar je sramotno pred Bogom.

Če se le potrudite na vso moč, prehod med drugo in tretjo stopnjo ne bo dolgotrajen. Če pa se prenehate truditi za dlje časa, boste seveda ostali na drugi stopnji ali celo nazadovali nazaj na prvo stopnjo. V najslabšem primeru boste celo zapravili odrešenje. Ravno zato nas Razodetje 3:15-16 uči, da kadar je naša vera mlačna, nas bo Bog izpljunil iz Svojih ust. Potemtakem, če si lastite cerkveni naziv, se potrudite po svojih najboljših močeh, da boste dosegli vsaj tretjo stopnjo vere.

In ko boste na tretji stopnji vere, morate dobro poskrbeti za vse tiste, ki so na prvi ali drugi stopnji, zato da bodo tudi oni sami dosegli tretjo stopnjo vere. Kajti če resnično imate vero za ravnanje po Besedi, potem ne boste nikoli pozabili Jezusove prošnje na križu, ko Je rekel: „Žejen Sem.“ Ne boste se zadovoljili zgolj s svojo lastno vero, pač pa boste želeli deliti evangelij z drugimi ter skrbeti za druge duše, da bi poplačali ceno Jezusove krvi. S srcem Jezusa Kristusa boste skrbeli za druge duše.

Nekateri ljudje, ki so že dlje časa kristjani, prenehajo opravljati vsakršne cerkvene dolžnosti, saj se ves čas bojujejo s svojimi grehi in so vpleteni v proces prečiščevanja. Toda Bog nam je naročil moliti za Njegovo kraljestvo in pravičnost, zato se moramo ves čas truditi — tudi takrat, ko se bojujemo proti grehom — da bi dosegli Božje kraljestvo. Šele ko bomo opravili svojo dolžnost in poskrbeli za tiste s šibko vero, bomo razvili globlje razumevanje srca Gospodovega, in takrat bomo veliko hitreje dosegli svetost.

4. Za neoviran prehod v duha

Osvojitev prve in druge stopnje ter pohod na tretjo stopnjo lahko poteka zelo hitro. To pa zato, ker lahko zlahka sledimo Božjim besedam, ki pravijo „delaj" in „ne delaj", če se le tako odločimo. Napredovanje iz tretje na četrto stopnjo pa medtem terja precej več časa, saj moramo veliko moliti, da bi razumeli Božjo voljo ter odpravili grehe iz globine našega srca. Tudi to pa lahko dosežemo relativno hitro, v kolikor se močno trudimo ter prosimo za Božjo milost in moč.

Nekateri verniki dlje časa obtičijo na tretji stopnji, saj pride do zastoja v rasti njihove vere, potem ko so se prenehali bojevati proti grehom. Bog na primer pravi, da moramo ljubiti sovražnika, zato se trudijo razumeti in sprejemati tudi tiste, ki jim otežujejo življenje, toda njihovo srce še naprej skriva sovraštvo in grešno naravo.

Neprenehoma molijo ter se trudijo veseliti in zahvaljevati, a to ni dovolj, saj niso izkoreninili samega vzroka za njihovo bridkost in prikrito jezo. Sicer se zavedajo svoje grešne narave, a je zaradi lenobe oziroma neodločnosti ne zadušijo.

Primer pa je še toliko bolj žalosten, kadar se ne zavedajo grešne narave, ki ostaja v njihovem srcu. Ne zavedajo se svojih grehov in hudobije, zato preprosto ostajajo na enaki stopnji vere.

Ko vstopite na tretjo stopnjo, morate hitro rasti, da bi kmalu dosegli tudi četrto stopnjo, kajti v nasprotnem primeru, če vaša vera preneha rasti, se vam ne piše nič dobrega. Lahko se namreč zgodi, da izgubite polnost Svetega Duha, in v srcu boste čutili stisko in nelagodje. Morda boste mnenja, da vam gre dobro, a v resnici vas drugi ne bodo spoštovali in priznavali. Prav tako boste izgubili oblast nad svojimi besedami in prevzelo vas bo malodušje.

V kolikor pa živite dobro življenje v veri in dosežete četrto stopnjo vere, bo vaše srce ves čas deležno polnosti in navdiha Svetega Duha, ki vas bo modro vodil na vaši življenjski poti. Hkrati pa boste imeli tudi dokaz, da vam Bog stoji ob strani na vseh področjih vašega življenja. Brez tega dokaza namreč ni mogoče pregnati hudobije iz srca. Kako lahko torej neovirano napredujemo iz tretje na četrto stopnjo?

Ne ustavljajte se v boju proti grehu

Prvo pismo Timoteju 4:5 pravi: „*Saj vse posvečuje Božja beseda in molitev.*“ Do osebnega posvečenja pa ni lahke poti. Poslušati je treba Besedo, spoznati krivico znotraj sebe in moliti za Božjo moč, ki vam bo pomagala v boju zoper zla, ki ste ga odkrili v sebi. Če se nahajate na tretji stopnji vere, boste uživali ob poslušanju Božje besede. Neprenehoma boste molili in si prizadevali odpraviti vse oblike zla znotraj vas.

Toda nekateri ljudje sčasoma popustijo v svojem boju proti grehom. Razglasijo premirje in si vzamejo čas za počitek. Morali bi vztrajati in izkoreniniti še tiste najgloblje korenine greha, vendar tega ne storijo.

Ko se vam v resnični bitki nasmiha zmaga, morate s silo korakati naprej in do konca uničiti sovražne sile. Če se ustavite, boste sovražniku ponudili čas, da si opomore in preide v protinapad. V duhovni bitki pa morate biti pozorni, da vas ne prevzame duhovna lenoba, če želite kar najhitreje preiti tretjo stopnjo vere. V boju proti grehom se ne smete ustaviti, dokler z molitvijo in Besedo ne izkoreninite vseh izvirnih korenin grešne narave.

Vzemimo naslednji primer. Predpostavimo, da ste nekoga sodili zgolj po njegovi zunanjosti, se kasneje pokesali in prosili Boga za odpuščenje. Toda, četudi ste se pokesali, boste v prihodnosti ponovno obsojali druge na podoben način, saj niste izkoreninili same grešne narave. In če boste sodili, se ponovno pokesajte.

Če ne odpravite same grešne narave, vaša vera ne bo rasla. Zato se morate do krvi upreti v boju proti grehu, vse dokler ni izkoreninjen še zadnji greh. In da bi vam to uspelo, ne smete zgolj odmisliti grešno naravo znotraj vas, pač pa jo morate obžalovati in prositi za Božjo milost.

Zavedati se morate, kako umazano je zlo in grehi, ki se skrivajo v vas in trgajo vaše srce. Zato molite na ves glas, da bi prejeli moč in izkoreninili še tiste največje korenine greha. Ugajajte Bogu s postenjem, zaobljubljenimi molitvami in daritvami, medtem pa se ves čas bojujte proti grehom.

Skozi ta prizadevanja boste prejeli milost in moč od Boga ter pomoč Svetega Duha, in grešna narava bo tako sčasoma izrinjena iz vašega srca. Zgolj z nenehnim kesanjem namreč tega ni mogoče doseči. Iskreno si morate želeti, da bi odpravili grehe, ki jih tako močno sovražite. Skozi iskrena prizadevanja boste tako končno odstranili izvirne korenine grešne narave.

Prelomite meseno mišljenje

Mesene misli so nasprotje duhovnih misli, in sicer takrat krivica znotraj vas privre na dan. Pismo Rimljanom 8:6-7 pravi:

„Toda meseno mišljenje je smrt, duhovno mišljenje pa življenje in mir. Kajti meseno mišljenje je sovraštvo do Boga, ker se ne podreja Božji postavi in se podrejati tudi ne more. "

Če imate v srcu le resnico, boste gojili le resnične in duhovne misli. Ne boste stregli poželenjem mesa in ne bodo vas preganjale mesene misli. Če pa v sebi nosite krivico, boste skozi delovanje duše gojili krivične misli. Na primer, tudi če uporabljate odličen program za računanje na vašem računalniku, boste dobili napačne rezultate, če boste vnesli napačne podatke. In ravno tako tudi tisti z mesenimi mislimi ne morejo biti poslušni Božji besedi.

Bog pravi, da kdor streže, je velik človek, ter da je večja sreča dajati kakor prejemati. Toda če v srcu nosite prevzetnost in pohlep, se vam bodo ob poslušanju teh besed porodile mesene misli, kot denimo: „Če bom samo dajal in nič prejemal, bom vse izgubil." In prav zaradi tovrstnih misli ne boste mogli ne dajati in ne prejemati. Zato Bog pravi, da so mesene misli sovražne do Boga, kajti takrat ne morete razumeti Božje volje in biti poslušni Njegovi besedi.

Morda ste veliko poslušali Besedo in močno obogatili svoje znanje, toda če Besede v srcu ne gojite po svojih najboljših močeh, se bo ta pomešala z vašo lastno hudobijo in rodila se bo povsem nova vrsta mesenega mišljenja. S pomočjo slišane Besede morate spoznati svoje grehe in hudobijo. Toda ljudje veliko raje sodijo in obsojajo druge, oziroma zlorabijo resnico v namene lastnega hudodelstva. Najbolj značilni obliki tovrstnega mesenega mišljenja sta samopravičnost in samosvojost.

Samopravičnost in samosvojost

Samopravičnost je svojeglavost in trmasto vztrajanje pri svojem prav. Prva oblika samopravičnosti je posvetna pravičnost, kjer posvetni ljudje nekaj smatrajo za pravično, dejansko pa gre za nasprotovanje Božji besedi. Na primer, kadar so ljudje mnenja, da imajo otroci nalogo maščevati svoje starše. To je seveda povsem v nasprotju z Božjo besedo, ki nam zapoveduje ljubiti sovražnika. Naslednja oblika je pravičnost na osnovi resnice. Med tistimi, ki živijo zvesto krščansko življenje, je veliko takšnih, ki jih tovrstna pravičnost ovira pri njihovem prehodu v duha.

Izrazito samopravičniška oseba bo težila drugim ljudem in od njih zahtevala, naj sledijo njenemu načinu pravičnosti. Kadar takšna oseba opazi ljudi, ki niso povsem zvesti pri opravljanju svojih dolžnosti, jim nemudoma svetuje: „Ne bodite tako leni, saj ste vendar Božji delavec." Ali kadar bo obkrožena z velikim številom ljudi, bo morda dejala: „Pravkar sem videla izredno lenega človeka. Lenoba je nedopustna za vse nas." In pri tem bo seveda namignila za katerega človeka gre, tako da bodo ostali zlahka prepoznali njegovo identiteto.

Povsem jasno je, da moramo garati za Boga in biti zvesti, in če se oseba pokesa in spreobrne skozi grajo, potem je to samo dobro. Vendar če človek kritike ne sprejme blagohotno, bodo izrečene besede slabo vplivale nanj. „Ta oseba mi nenehno teži," bo pomislil in se predal na svoji poti v veri.

Če prejmemo modrost od zgoraj in če naše srce hrepeni po posvečenju, bomo zlahka privedli druge ljudi do spreobrnjenja, ko jim bomo svetovali. Toda izrazito samopravičniška oseba verjame v svojo resnico in od nje ne odstopa. Zato tudi kadar je njeno dejanje krivično v Božjih očeh, potem ko je nekoga užalila, bo še vedno verjela v svoj prav in da so se ljudje zarotili zoper nje. Razmišljala bo samo o pravičnosti njenih besed in se ne bo zavedala, da je v resnici ravnala na krivičen način.

Tudi ob Božjih besedah, ki nas učijo: „Prizadevajte si za mir, služite drugim, ne sodite,“ bo ta oseba razmišljala samo o svoji dobrih delih: „Ljubim Boga in sem Mu zvesta. Ljubim soljudi in jim pravilno svetujem.“ Tovrstno razmišljanje in prepričanje v svoj prav je samopravičniško, kar pomeni, da ne prepoznate hudobije znotraj sebe in to predstavlja oviro na vaši poti do posvečenja.

Potem pa je tukaj samosvojost, do katere pride, kadar neko stvar dlje časa smatrate za dobro, zato se ta utrdi v vaših mislih. Ljudje oblikujejo ustaljene okvire razmišljanja v skladu z videnim, slišanim in doživetim. Na osnovi spoznanj in izkušenj nato ocenijo, ali je neka stvar moralno sprejemljiva in ali določeno vedenje odraža dobro vzgojo. Sčasoma tovrstne misli otrdijo in takrat jih ni enostavno spremeniti. Tako nastane okvir razmišljanja.

Vsak posameznik goji drugačne okvire razmišljanja, kajti ljudje imamo različne osebnosti, okuse, okoliščine, znanje in izobrazbo. In če naše okvire razmišljanja preučimo skozi prizmo absolutne Božje resnice, se jih bo veliko izkazalo za napačne. Kljub temu pa večina ljudi ločuje med tem, kaj je prav in kaj narobe, na osnovi svojih okvirov razmišljanja.

Samosvoji okviri razmišljanja zajemajo posvetno razmišljanje in razmišljanje znotraj resnice. Posvetno razmišljanje temelji na spoznanjih in izobrazbi tega sveta. Na primer, ljudje verjamejo v Darwinov evolucionizem, zato ne morejo sprejeti dejstva, da je Bog ustvaril svet. Zaradi zaupanja v znanost ne morejo sprejeti Božje besede.

Potem pa je tukaj še razmišljanje znotraj resnice, ki sicer temelji na Božji besedi oziroma resnici, vendar pa lahko ravno tako postane ovira, v kolikor gledamo iz popolnoma samosvoje perspektive. V Jezusovem času so verski voditelji zavrnili Jezusa ravno zaradi tovrstnega razmišljanja znotraj resnice. Kritizirali so Ga, ko je na Gospodov dan ozdravil bolno osebo. Zaradi samosvojega pogleda na Gospodov dan so obsojali in kritizirali Jezusa, ki Je resnica sama. In to je seveda napačen, samosvoj okvir resnice.

Naj vam opišem še en primer. Ko se trudite živeti krščansko življenje, bodo vaši starši ali partner morda čutili, da ljubite samo Boga in se oddaljujete od družine. V tem primeru seveda ostanite predani Božjemu kraljestvu, vendar pa hkrati pomislite tudi na počutje vaših družinskih članov. Ljubite in služite jim ter jih tako pripeljite do spreobrnjenja.

V kolikor pa razvijete samosvojo miselnost, si boste kaj hitro razlagali Božjo besedo na napačen način. Morda vas bo prevzela misel: „Odpraviti moramo mesena čustva in negovati duhovno ljubezen," ali pa: „Kadar ugajamo Bogu, nas bo Ta hitreje uslišal." Posledično boste svojim družinskim članom z ostrim glasom dejali: „Neomajna ljubezen do Boga je najpomembnejša, zato od mene ne pričakujte mesene ljubezni."

Staršem ob njihovem rojstnem dnevu ne boste poklonili darila, ki bi seglo v njihovo srce, pač pa jim boste podarili Sveto pismo ali drugo krščansko literaturo. Verjeli boste, da tako staršem izkazujete duhovno ljubezen, toda v resnici jih boste užalili ter škodovali medsebojnemu odnosu z njimi, ne da bi se tega zavedali. Nikakor se ne boste mogli otresti lastne miselnosti, ki vam pravi, da vaše ravnanje predstavlja resnico.

Četudi imate pogosto prav, morate kljub temu upoštevati mero vere in okoliščine drugih ljudi. Če se boste zgledovali po apostolu Pavlu, ki je oznanjal evangelij Judom in poganom, pri tem pa sam nase gledal kot na Juda oziroma pogana, potem boste pridobili veliko modrosti.

Kdor pa ima izrazito samosvoje okvire razmišljanja, bo vztrajal pri svoji resnici in tako prelomil mir. Ljudje ga bodo morda označili za svojeglavega ali ozkoglednega, medtem pa bo sam pri sebi vztrajal: „Zagotovo nisem prelomil miru. Samo resnici sledim." Zaradi tovrstne mesene miselnosti tak človek ni sposoben dojeti hudobije znotraj sebe, zato njegova vera preneha rasti.

Samopravičnost in samosvoja miselnost sta na prvi pogled zelo podobni, a se v resnici močno razlikujeta. Nekateri ljudje imajo precej izrazite poglede na svet, vendar jih ne vsiljujejo drugim. Njihovih prepričanj ni mogoče zlahka zamajati, a kljub temu ne vztrajajo v svoji pravičnosti.

So pa tudi ljudje, ki imajo ravno tako izrazite poglede na svet in se po njih ravnajo, vendar jih hkrati vsiljujejo drugim ljudem. In kadar jih ljudje ne upoštevajo, začnejo do njih gojiti zamere in jim povzročati preglavice. Ti ljudje gojijo samopravičnost kot tudi samosvojo miselnost, obe pa izvirata iz njihove lastne krivičnosti. Pri tem pa seveda velja, da lahko dosežete četrto stopnjo vere šele, ko izpodbijete vse mesene misli, ki prihajajo iz vaše samopravičnosti in samosvoje miselnosti.

Predvsem pa bodite pozorni na svojo lastno pravičnost, ki je prekrita z resnico in samosvojo miselnostjo, ki sta se razvili, potem ko ste na napačen način interpretirali resnico. Vaša samopravičnost in samosvoja miselnost, ki izvirata iz jasne krivice, sta namreč zlahka razpoznavni skozi Božjo besedo, zato ju lahko zelo hitro odpravite. Tisto, kar je prekrito z resnico, pa je po drugi strani veliko težje odkriti, kajti v takšnem primeru se vam samo zdi, da se ravnate po resnici, dejansko pa temu ni tako. Posledično tako pride do zastoja v rasti vaše vere, kar bo preprečilo vaš prehod v duha.

Kako prepoznati lastno samopravičnost in samosvojost?

Nekateri ljudje z obžalovanjem govorijo: „Resnično si želim odkriti svoje samoljubje in ga odpraviti, vendar nikakor ne znam prepoznati svoje lastne samopravičnosti in samosvojosti.“ Nikoli ne zamudijo bogoslužja, neprenehoma molijo ter hrepenijo po poslušanju pridig, pa vendar se ne zavedajo svojih napak.

Ti ljudje bi morali pri sebi preveriti, s kakšnim srcem poslušajo pridige in ali jih sprejemajo za svoje. Prav tako bi morali preveriti, kako goreče so njihove molitve. Kadar namreč molite s praznim ponavljanjem, bo vaša molitev naletela na prazna Božja ušesa. Četudi gre za prekrasno molitev, polno lepih besed, še to ne pomeni prijetne arome srca. Samo kadar je vaša molitev kakor izrazita aroma, tako da se trudite in kličete na vso moč, boste prejeli polnost in navdih Svetega Duha ter se spreobrnili.

Pozorni pa morate biti še na eno stvar, in sicer na svoj odnos, ki ga imate pri poslušanju nasvetov drugih. Izrazito samopravičniški in samosvoji ljudje namreč neradi upoštevajo nasvete. Prepričani so v svoj prav, zato ob poslušanju nasvetov pomislijo: „Ta oseba ne razume mojega položaja. Moje ravnanje je bilo zagotovo pravilno.“

Pogosto tudi pomislijo: „Ta oseba ni nič boljša od mene,“ in preprosto pozabijo na dobljen nasvet. Tudi ob nasvetu nadrejenega si mislijo: „Tudi on ni 100 % popoln in je zmotljiv, zato mi ga ni treba poslušati.“ Toda s takšnim odnosom človek ne bo dojemljiv za besede drugih ljudi, in tudi če ga Bog blagoslovi z glasom Svetega Duha, tega glasu ne bo slišal.

Ko stopite na skalo vere in se približate četrti stopnji, to pomeni, da ste premagali vse grehe, ki jih je bilo moč zlahka prepoznati. Da pa bi na tej točki prepoznali in premagali lastno pravičnost in samosvojost, se morate ozreti vase z veliko več ponižnosti in iskrenosti. Močno si morate želeti, da bi odkrili svoje pomanjkljivosti. Celo besede majhnih otrok morate sprejeti s ponižnostjo. Kajti če vam uspe izpodbiti lastno pravičnost in samosvojost ter se otresti grešne narave v vašem srcu, takrat boste končno vstopili na četrto stopnjo vere. Od tega trenutka naprej boste priznani kot človek duha.

5. Drugo nebeško kraljestvo se daje tistim na tretji stopnji vere

Drugo nebeško kraljestvo je nebeško bivališče za tiste na tretji stopnji vere. Prvo nebeško kraljestvo vsebuje zasebne domove v obliki blokovskih naselij, medtem ko v drugih nebesih vsak dobi lastno samostojno hišo. Gre za enonadstropne zgradbe, ki pa so še vedno veličastnejše in lepše od najmogočnejšega dvorca ali vile na zemlji, in obdane so z dišečim cvetjem in drevjem.

Vsaka hiša je opremljena tudi s prostorom, ki je lastniku najbolj pri srcu. Ta si lahko tako izbere prekrasno jezerce ali plavalni bazen, okrašen s suhim zlatom in dragulji, ali denimo promenado, obdano s čudovitim cvetjem, zelenjem in ljubkimi živalmi.

Ker pa si ljudje lastijo le en prostor po svoji želji, lahko po potrebi koristijo prostore drugih ljudi. In tudi kadar obiščejo sosednjo hišo in uporabijo njihov prostor, pri tem ne občutijo prav nič nelagodja. Na ta način služijo drug drugemu in si delijo ljubezen, zato z veseljem dovolijo drugim uporabiti njihove prostore, ti pa brez zadržkov sprejmejo njihovo gostoljubje.

Hiše v drugih nebesih imajo tudi ščitke z imeni na vratih, na katerih pa ne piše samo ime lastnika, temveč tudi ime cerkve, ki jo je lastnik obiskoval na tej zemlji. In če je lastnik pripadal cerkvi, ki je bila ljubljena od Boga, bo deležen večje časti in slave.

Venec, ki se daje tistim v drugem nebeškem kraljestvu, se imenuje venec slave. Prvo Petrovo pismo 5:2-4 pravi: „...*pásite Božjo čredo, ki vam je zaupana, pazite nanjo, pa ne na silo, ampak prostovoljno, v skladu z Božjo voljo. Ne zaradi grdega pohlepa po dobičku, ampak z voljnim srcem. Nikar ne nastopajte gospodovalno do tistega, kar vam je zaupano, ampak bodite čredi v zgled. In ko se bo razodel Véliki Pastir, boste dobili nevenljivi venec slave.*"

Tisti na tretji stopnji vere sicer niso dosegli popolnega

posvečenja, še vedno pa so izpolnjevali Božjo besedo, opravljali svoje dolžnosti ter slavili Boga. Venec slave je namenjen prav tem ljudem. Tisti, ki jim je dovoljeno vstopiti v drugo nebeško kraljestvo, bodo neskončno hvaležni, da lahko bivajo v tako čudovitem kraju in da so deležni veliko bolj veličastnega plačila od vsega, kar so storili na tej zemlji. Kljub vsemu pa te duše še vedno obžalujejo, da niso pregnali grehov iz svojega srca ter dosegli popolno posvečenje.

Slava drugega nebeškega kraljestva se ne more primerjati s slavo tretjega nebeškega kraljestva oziroma Novega Jeruzalema, kamor gredo tisti, ki so dosegli posvečenje. Seveda pa v nebesih ni ljubosumja in ne zavisti, zato ne bodo užaljeni, ker ne morejo uživati večje nebeške slave. Četudi drugi ljudje uživajo v večji slavi, se bodo veselili, kot bi bili sami deležni te slave. Srečni bodo in hvaležni za bivališče in plačilo, ki jim je bilo dano. Vseeno pa bodo obžalovali, da niso v celoti odpravili svojih grehov, ko pa jim je Bog izkazal tako veliko ljubezni in ponudil toliko priložnosti na tej zemlji.

Če imate iskreno vero, se torej ne ustavljajte na stopnji drugega nebeškega kraljestva, temveč si nenehno prizadevajte za vstop v Novi Jeruzalem. Bog si želi, da bi bili vsi ljudje rešeni, postali pravi Božji otroci ter vstopili v Novi Jeruzalem. Kot pravi pismo Efežanom 5:16: „*Skrbno izrabljajte čas, kajti dnevi so hudi,*" iskreno upam, da boste skrbno izrabili svoj čas, dosegli rast vaše vere ter si s silo izborili veličastno nebeško bivališče.

Četrta stopnja vere

❧

„Kdor ima Moje zapovedi in se jih drži,
ta Me ljubi; kdor pa Me ljubi, tega bo ljubil Moj Oče,
in tudi Jaz ga bom ljubil in se Mu razodel.“

(Janez 14:21)

❧

Kmetje posadijo semena in gojijo pridelke v upanju po bogati žetvi. Prav takšne upe pa ima tudi Bog pri vzgoji ljudi, in naposled Bo žel žito, ki v Božjih očeh predstavlja prave Božje otroke, ki Ga ljubijo z vsem srcem.

Bog seje semena, ki se imenujejo človeška bitja, in jih vzgaja, da bi pridobil ljudi duha z iskrenimi srci in popolno vero. Ko dosežemo četrto stopnjo vere, nas Bog priznava za ljudi duha in od takrat naprej se lahko imenujemo za prave Božje otroke.

1. Za razvoj v človeka duha je potrebno doseči posvečenje

Duh je neumrljiv in se ne spreminja, temveč je večen in resničen. Ta značilnost velja tudi za Boga. Meso pa po drugi strani predstavlja nasprotje duha, saj se ves čas spreminja in nazadnje umre, hkrati pa je pokvarjeno in prazno. Adamovi potomci, rojeni po Adamovem padcu, se vsi rodimo kot meseni ljudje in potemtakem je ena od naših najpomembnejših nalog, da se spremenimo v ljudi duha.

In kako se lahko spremenimo v ljudi duha? Postati moramo posvečeni. Ko premagamo grehe in hudobijo, oziroma ko preženemo grešno naravo iz svojega srca, takrat si lahko povrnemo izgubljeno podobo Boga, ki je duh. In ko se enkrat spremenimo v duha, ne pridobimo samo duhovnih lastnosti, ki jih je imel Adam, temveč hkrati postanemo Božji otroci, ki so veličastnejši od Adama.

Adam je bil ustvarjen kot ‚živi duh‘, kar pomeni, da je bil njegov duh umrljiv. Adam se ni zavedal, kako pokvarjeno je meso, kot tudi ni poznal smrti, solza, žalosti in bolečine. In čeprav ga je Bog učil, da je duh dober, meso pa pokvarjeno, v svojem srcu tega ni razumel.

Po drugi strani pa tisti, ki so vzgojeni na tej zemlji in kasneje preidejo iz mesa v duha, globoko v sebi vedo, kako pokvarjeno je meso in kako dober je duh, oziroma kako lepo je biti nesmrten, brez žalosti in brez bolečine. Naj bo skušnjava še tako velika, ti ljudje ne bodo več nikoli sprejeli grehov in hudobije. Skozi vzgojo lahko spoznamo, kako nepomembno je vse na tej zemlji. Najprej osvojimo prvo, nato drugo in tretjo stopnjo, in ko naposled osvojimo tudi četrto stopnjo vere, takrat si povrnemo status človeka duha in takrat nam Bog dodeli vse pravice Božjih otrok.

2. Četrta stopnja vere: Skrajna ljubezen do Boga

Četrta stopnja vere je vera, ko čutimo neskončno ljubezen do Boga. Seveda lahko tudi ljudje na tretji stopnji izpovedujejo svojo ljubezen do Boga, saj se znajo držati Njegovih zapovedi.

„Če Me ljubite, se boste držali Mojih zapovedi“ (Janez 14:15).

Vendar na tretji stopnji vere ljudje še niso pregnali grešne narave iz svojih src, zato ne morejo samozavestno izpovedovati ljubezni do Gospoda. Medtem pa so tisti na četrti stopnji že odpravili grešno naravo in se v celoti držijo zapovedi, saj ljubijo Boga do skrajnosti. Zato lahko samozavestno izpovedujejo svojo ljubezen.

Hkrati pa te ljudi spremljajo tudi dokazi, da jim Bog vrača Svojo ljubezen. Na tej zemlji tako uživajo v zdravju in blaginji, v nebesih pa bodo kot pravi Božji otroci deležni veliko slave in oblasti.

Ko presežete tretjo stopnjo, na kateri se znate ravnati po Besedi, vstopite na četrto stopnjo, kjer v celoti zaživite znotraj resnice, potem ko ste pregnali grešno naravo iz svojega srca. Toda, kako se četrta stopnja vere razlikuje od prve, druge in tretje stopnje vere? Razliko vam najlažje pojasnim na primeru iz Prvega pisma Tesaloničanom 5:16-18, ki pravi: *„Zmeraj se veselite. Neprenehoma molíte. V vsem se zahvaljujte...."*

Predpostavimo, da neka oseba širi lažne govorice o vas in vas obrekuje. Kako bi se odzvali? Če ste na prvi ali začetku druge stopnje vere, boste najverjetneje obiskali to osebo in se z njo prerekali o tem, kaj je prav in kaj narobe. Morda boste povzdignili glas in se hudo sprli. No, že sredi druge stopnje vere pa se znate brzdati in ohraniti mirno kri, saj si prizadevate odpraviti hudobijo iz svojega srca.

In kakšen bo vaš odziv na tretji stopnji vere? Če se še niste postavili na skalo vere, se boste morda nekoliko razburili. Ker pa poznate resnico, se boste znali zadržati, pri sebi misleč: „Moram se veseliti in zahvaljevati." Toda v resnici ne boste hvaležni iz dna svojega srca.

Na četrti stopnji pa je vse drugače. Ne glede na to, kdo in s kakšnimi besedami vas obtožuje, se ne boste nikoli razburili. Ste brez greha pred Bogom in vest vas ne obsoja, zato vaše veselje in zahvaljevanje ne izgineta, temveč boste, kakor je to počel Jezus, blagoslavljali in molili celo za vaše sovražnike, da bi ti prenehali grešiti. V omenjenih okoliščinah se bo torej vsak odzval v skladu s svojo mero vere, in posledično bo drugačen tudi vonj njegovega srca, ki bo dosegel Boga.

Vzemimo še primer, ko se eden od vaših staršev znajde pred nujnim operativnim posegom. Obupno potrebujete denar, ko na ulici naletite na vrečo polno denarja. Na prvi ali drugi stopnji vere bi denar verjetno preprosto pograbili.

Na drugi stopnji bi pravzaprav prišlo do boja med duhom, ki stremi po dobrem, in poželenjem mesa, ki streže vašim lastnim željam. V kolikor prevlada poželenje mesa, bi navkljub pomislekom denar porabili zase.

Na tretji stopnji vere bi vas morda za trenutek preletela krivična misel, češ da ta denar predstavlja rešitev vseh vaših težav, a nazadnje bi vendarle ravnali v dobri vesti in denar vrnili lastniku.

Četrta stopnja pa je ponovno nekaj povsem drugega. Naj še tako obupno potrebujete denar, nimate nobene želje po tuji lastnini, zato tudi ne pride do nikakršnega boja v vaših mislih. Skrbelo bi vas zgolj za lastnika denarja, ki zagotovo prestaja veliko stisko, zato bi si prizadevali, da bi mu čim prej vrnili denar.

S tovrstnim srcem ne boste imeli nobenega sramu pred Bogom in ljudmi, zato boste lahko prepričani v svoja dejanja. Če pa se v vašem srcu skriva kakršnakoli hudobija, potem boste pogosto čutili bolečino in nemir. V kolikor pa ste brez hudobije, boste vselej polni Svetega Duha in v vseh okoliščinah čutili notranji mir in srečo.

3. Pomembni dejavniki za rast v veri

Nekateri ljudje izredno počasi rastejo v veri, čeprav že dolga leta živijo kot kristjani. Še po več letih ali celo desetletjih nikakor ne uspejo prestopiti druge stopnje in stopiti na zgodnjo fazo tretje stopnje vere. Po drugi strani pa so nekateri, potem ko so bili deležni prve milosti, odločni kar najhitreje odpraviti grehe in pridobiti duhovno srce.

Eden od najpomembnejših razlogov za to razliko je ta, da so ljudje rojeni z različnimi srci, različnimi notranjimi srci in različnimi posodami. Ljudje nosijo različno mero krivice v svojem srcu. Velikost njihovih posod se močno razlikuje, kot tudi iskrenost in lepota njihovega notranjega srca. Glede na te razlike je potem tudi njihov odnos do Božje besede zelo različen, predvsem v smislu, kako močno hrepenijo po Besedi, kako jo ohranjajo v mislih in izpolnjujejo.

Srce

Prvotno je bilo Adamovo srce seme življenja, ki je bilo dano od Boga in ovito s spoznanjem resnice. Toda Adam je grešil, zato je spoznanje resnice začelo iztekati iz srca, nastalo praznino pa je začelo zapolnjevati spoznanje krivice oziroma greh in hudobija.

Greh in hudobija sta se tako preko srca prenesli na potomce, pri čemer je vsaka naslednja generacija rodila nove oblike greha in hudobije v svoja srca. Zato danes človeško srce vsebuje grešno naravo, ki smo jo podedovali od naših prednikov, in vse oblike zla, ki so jih ti predniki vnesli v svoja srca. In kdor ima manj hudobije v svojem srcu, lahko relativno hitreje doseže posvečenje, saj je manj stvari, ki jih mora odpraviti.

Notranje srce

Notranje srce je tisto, ki določa, v kolikšni meri bo posameznik hlepel po pravičnosti. Če uporabimo magnete kot primer, imajo eni večjo drugi manjšo magnetno silo, s katero privlačijo železo. Ravno tako pa tudi tisti z iskrenim in dobrim notranjim srcem hrepenijo po dobrem in popolnem, zato ob poslušanju resnice le-to zlahka sprejemajo z besedo ‚amen' ter jo izpolnjujejo z vsem srcem. Na ta način lahko kar najhitreje dosežejo posvečenje.

Na rodovitni zemlji bodo semena hitro vzklila in obrodila bogate sadove. Medtem pa na neplodni in nerodovitni zemlji semena slabo poganjajo in obrodijo bore malo sadov. Seveda lahko tudi dobra zemlja rodi slabo letino, kadar je neobdelana in polna plevela, toda če se kmet odloči to zemljo prekopati, mu bo veliko lažje odstraniti plevel in trnje, kot če bi bila zemlja neplodna.

In enako je z vero. Nekateri so rojeni na dobri zemlji, vendar vzgojeni v hudobiji in težavnih okoliščinah, zato so njihova srca polna krivice. Ti ljudje so kakor polje, ki je polno plevela, in da bi odpravili svoje grehe, so potrebni prečiščevanja v obliki preizkušenj. Ker pa imajo dobra srca, lahko to dosežejo relativno hitro, če le imajo dovolj odločnosti. Četudi jih drugi ljudje smatrajo za zlobne, Bog dobro ve, da so se sposobni spreobrniti, zato jim nalaga preizkušnje in jim pomaga preroditi se v čiste posode.

Posoda

Posoda nosi posameznikovo srce in predstavlja njegov izvirni jaz. Material, ki sestavlja posodo, je tesno povezan z notranjim srcem, in sicer lahko gre za zlato, srebro ali glino. Velikost posode določa, koliko resnice se lahko zbere v njej. Tisti z dobrim notranjim srcem imajo praviloma velike in čudovite posode.

Če imate veliko posodo, imate široko in dovzetno srce. Ko poslušate in spoznavate resnico, jo znate uporabiti v vseh pogledih vašega življenja. Kot pravi pregovor, da modremu zadostuje že beseda, duhovno-modri ljudje pri poslušanju Božje besede ne slišijo samo dobesednega pomena, temveč razumejo Božje srce, ki se skriva v Besedi, in si prizadevajo po njej ravnati.

Ko ljudje z veliko in pravično posodo poslušajo Božjo besedo, sprejmejo njen pomen v svoja srca, kjer jo nato hranijo in posledično njihova vera hitro raste. V kolikor pa sprejemamo samo tisto, kar razumemo v svoji samopravičnosti in samosvojem razmišljanju, takrat bo naša duhovna rast zelo počasna. Če veliko poslušamo in preveč dobesedno razumemo Božjo besedo, se lahko naše srce prevzame, kar bo samo še okrepilo našo samopravičnost in samosvojost.

Oglejmo si naslednji primer. Vsi poznamo Božje besede, kot so: „Imejte v ponižnosti drug drugega za boljšega od sebe.

Ponižajte se in služite drugim." Kadar te besede sprejemate zgolj s svojimi možgani, boste pomislili na veliko različnih stvari. Sklenili boste, kako ravnati v posamezni situaciji, rekoč: „Lahko bi se reklo, da služim drugim, če naredim samo to in ono. Ni pa mi treba še dodatno služiti drugim."

Kadar služite drugim na tak način, se bodo ti kaj hitro počutili neprijetno. Ker ne služite s ponižnim srcem, ljudje ne bodo občutili vašega resničnega srca in jim bo neprijetno, medtem ko jim boste stregli.

Po drugi strani pa tisti, ki sprejmejo Božjo besedo v svoja ponižna srca, ne rabijo skrbeti o tem, kako je treba služiti drugim. Pri ponižnem srcu bodo vsa vaša dejanja in besede odražale ponižnost, vas same pa bo krasila predanost služenju in spoštljivost do sočloveka. Tudi kadar ne boste pozorni na svoje služenje drugim, bodo ti našli svoj mir in uteho že skozi samo druženje z vami.

Naj vam opišem primer iz vsakdanjega življenja, ki vam bo pomagal bolje razumeti notranje srce in posodo. Ko starši okarajo svoje otroke, da je njihova soba razmetana ter da naj jo očistijo in pospravijo, nekateri otroci ne ubogajo, češ da niso krivi za nastali nered, spet drugi pa zgolj potisnejo navlako v kot ter tako zgolj navidezno ubogajo starše, čeprav se v resnici ne zmenijo za njihovo mišljenje.

Kako bodo pa ravnali v primeru, če imajo notranja srca, ki želijo ustreči staršem? Takrat ne bodo počistili in pospravili le stvari, ki izstopajo na prvi pogled, temveč bodo pospravili sobo do zadnjega kotička. Poleg tega si bodo prizadevali ohraniti sobo čisto in urejeno. Spoznali bodo, da se želja staršev ne nanaša samo na njihovo sobo, zato bodo spremenili svoje navade ter postali bolj pridni in urejeni otroci.

In to načelo velja pri vsem. Kdor je sposoben sprejeti besede drugih ljudi v svoje srce ter jih zna obravnavati z vso iskrenostjo, ta lahko v svoje srce sprejme tudi Božjo besedo, zlahka razume Božjo voljo in jo izpolnjuje. Po drugi strani pa bodo tisti, ki vidijo samo svoje stališče, in tisti, ki se skušajo za vsako ceno izogniti graji, imeli enak odnos tudi do Božje besede.

Naše srce, notranje srce in posoda so stvari, s katerimi se rodimo. Nato pa se skozi življenje naše notranje srce in posoda spremenita v skladu s tem, kako močno si prizadevamo postati pravični ljudje in kako široko je naše srce. Ko si napolnimo srce s pravičnostjo in preženemo hudobijo, takrat pridobimo dobro notranje srce in veliko posodo, hkrati pa bomo toliko hitreje dosegli tudi posvečenje.

4. Značilnosti četrte stopnje vere

V življenju moramo iskreno hrepeneti po Božji besedi in si prizadevati razumeti Božjo voljo, ki je zajeta v Besedi. Na ta način bomo hitro rasli, saj nam bo Bog dal milost in moč, prav tako pa nam bo pomagal tudi Sveti Duh. In ko ob pomoči Svetega Duha preženemo vso grešno naravo iz svojega srca, takrat dosežemo četrto stopnjo vere in postanemo ljudje duha in ljudje resnice. No, pa si oglejmo značilnosti četrte stopnje vere.

Vera, ko brezpogojno ljubimo Boga

Četrta stopnja vere je stopnja, ko brezpogojno ljubite Boga. Pravzaprav se sploh ne trudite ljubiti, temveč preprosto ljubite Boga z vsem srcem. Pred Boga nikoli ne stopate s pogoji, rekoč: „Bog, če zame narediš to in ono, bom tudi jaz storil nekaj Zate."

Ničesar ne želite v zameno za vašo ponujeno ljubezen, saj brezpogojno ljubite Boga. Tudi Božjih zapovedi ne izpolnjujete zgolj zato, da bi prejeli blagoslove ali odgovore na vaše molitve. Prav tako tega ne počnete iz strahu pred nesrečo. Zapovedi izpolnjujete, ker kakor ogenj v vašem srcu čutite ljubezen do Boga, ki nas Je prvi vzljubil. Ljubiti Boga in izpolnjevati Njegove zapovedi se vam zdi nekaj povsem naravnega. Nekaj, kar vam prinaša veselje in srečo.

Daniel se je v molitvi zahvaljeval Bogu, četudi je vedel, da bo zaradi molitve pristal v levnjaku. Molil pa ni z bridkostjo in zaskrbljenostjo, rekoč: „Bog, reši me! Trudim se izpolniti Tvojo voljo, a sem se znašel v nevarnosti." Daniel je molil z radostjo in zahvalnostjo. Ljubil je Boga in izpolnjeval Njegovo voljo, in ker je svojo usodo predal v Božje roke, je bil hvaležen, pa naj preživi ali umre.

Enako so ravnali tudi njegovi prijatelji. Kaj so izrekli pred kraljem, ki jim je grozil, da jih bo dal vreči v ognjeno peč, če ne bodo častili malikov?

Daniel 3:17-18 pravi: „*Če nas naš Bog, ki Ga častimo, more osvoboditi, nas Bo rešil tudi iz goreče, ognjene peči in iz tvoje roke, o kralj. Pa čeprav ne, vedi, o kralj, da ne bomo častili tvojih bogov in ne bomo molili zlate podobe, ki si jo postavil.* "

Ne le, da so zaupali v Božjo moč, ki bi jih lahko rešila pred ognjem, ampak tudi če jih Bog ne bi rešil, bi do konca sledili samo Božji volji.

Pavel in Sila sta bila pretepena, vržena v ječo in vklenjena v klade, a se nista pritoževala pred Bogom ali bila v skrbeh. Veselila sta se, zahvaljevala in prepevala hvalnice Bogu v slavo. To ravnanje nam služi kot primer osebe na četrti stopnji oziroma primer pravega Božjega otroka, kakršne si Bog želi pridobiti. Nato je Bog poslal potres, odprla so se vrata in vsem jetnikom so odpadle verige.

Vera, ko najprej ljubimo Boga

Če najprej ljubite Boga, nimate nobene želje po posvetni slavi ali bogastvu, pač pa ljubite Boga bolj kot svojo družino in celo bolj kot lastno življenje. V pismu Filipljanom 3:7-8 Pavel pravi: *„Toda kar je bilo zame dobiček, to sem zaradi Kristusa začel imeti za izgubo. Še več, za izgubo imam vse zaradi vzvišenosti spoznanja Kristusa Jezusa, mojega Gospoda. Zaradi Njega sem zavrgel vse in imam vse za smeti, da bi bil Kristus moj dobiček.* " Pavel se je zavoljo Gospoda odpovedal vsega dragocenega na tem svetu.

V Marku 10:29-30 Jezus pravi: *„Jezus je rekel: ‚Resnično, povem vam: Nikogar ni, ki bi zaradi Mene in zaradi evangelija zapustil hišo ali brate ali sestre ali mater ali očeta ali otroke ali njive in ne bi zdaj, v tem času, skupaj s preganjanji, prejel stokrat toliko hiš, bratov, sester, mater, otrok in njiv, v prihodnjem veku pa večno življenje.* ‘"

Če se ravnate po Gospodovih besedah, boste morda v začetku deležni preganjanja, in če vam primanjkuje vere, boste zaradi tega preživljali težke čase. V kolikor pa imate neomajno vero in živite življenje svetega vernika, vas bodo priznavali tudi posvetni ljudje. In če poleg tega preidete v duha in najprej ljubite Boga, vam Satan več ne bo mogel škodovati, kar bo pomenilo konec preganjanja in ljudje vas bodo priznavali in spoštovali kot pravega kristjana.

Kadar ravnamo v veri in pri tem ne sklepamo kompromisov, Bog deluje za nas in mi Mu lahko končno dajemo slavo. S priznavanjem, da je Bog pomembnejši od vaših otrok, vaše družine in vas samih, se morate odreči mesenim čustvom, kar pa še ne pomeni, da postanete brezčutni do družinskih članov. Še naprej jim morate služiti, in to veliko bolj zavzeto, kot to počnejo neverniki. Kot član družine morate prav tako biti zvesti v vsej Božji hiši. Božja volja namreč veleva, da mora biti vaša neverna družina ganjena nad vašimi dobrimi deli, zato da bodo sprejeli Gospoda in dosegli odrešenje.

Če verujemo v Boga, ki nam je dal duha in nas rešil pred peklom, mar ni potem povsem naravno, da ljubimo Boga pred vsemi drugimi? Kadar najprej ljubimo Boga, bomo vsem služili s pravičnostjo in ljubeznijo ter vselej ravnali v dobro drugim. Na ta način bomo ljubili druge s pravo duhovno ljubeznijo.

Da bi nam šlo v vsem dobro in bi bili zdravi, kakor gre dobro naši duši

Tretje poglavje Janezovega evangelija 1:2 pravi: „*Ljubi, prosim Boga, da bi ti šlo v vsem dobro in bi bil zdrav, kakor*

gre dobro tvoji duši." Da bi ti šlo v vsem dobro in bi bil zdrav'
pomeni, da bodo fizično zdravi in uspešni v vseh pogledih,
vključno z družinskim in poslovnim življenjem.

Tiste, katerih dušam gre dobro, bo Bog blagoslovil z
zdravjem, bogastvom, slavo, modrostjo, razumevanjem in vsem,
kar bodo potrebovali. Bog bo posredoval v njihovem življenju in
jih vodil do popolnega uspeha.

Kaj pa pomenijo besede ,gre dobro tvoji duši', ki predstavljajo
pogoj za prejetje blagoslovov? S preprostimi besedami lahko
rečemo, da gre naši duši dobro takrat, ko je naš mrtvi duh obujen
in ko ohranjamo zdrav odnos med našo dušo, duhom in telesom.
Naš mrtvi duh je obujen v trenutku, ko sprejmemo Gospoda, in
takrat ta naš obujeni duh zagospodari nad našo dušo in telesom.

Prvotno je Bog ustvaril prvega človeka Adama kot živega
duha. Pravzaprav je bil Adam ustvarjen z duhom, dušo in
telesom, vendar je bil duh tisti, preko katerega je komuniciral z
Bogom. Njegovi duši je vladal njegov duh, telo pa je bila posoda,
ki je nosila dušo in duha. Toda Adam je grešil, potem ko je v
nasprotju z Božjo zapovedjo jedel z drevesa spoznanja dobrega in
hudega. Adamov duh je tako umrl, kajti zakon duhovnega sveta
namreč veleva, da je plačilo za greh smrt.

,Smrt duha' tukaj ne pomeni, da je Adamov duh povsem
ugasnil, temveč da je zgolj prenehal delovati. Ko je duh umrl in
postal povsem nedejaven, je duša prevzela položaj duha in začela
gospodariti.

,Duša' je splošen izraz za spominsko napravo znotraj
možganov, vso osvojeno znanje ter procese priklica in koriščenja
tega znanja. Človek svoja doživetja shrani v spomin, o njih

razmišlja ter kasneje to pridobljeno znanje in izkušnje tudi uporablja. Vse to so ‚dejavnosti duše'.

Ko je duh igral vlogo gospodarja, je človek lahko v duhu komuniciral z Bogom in od Njega prejel spoznanje resnice. Dejavnosti duše so se vršile samo znotraj resnice, ravno tako pa je tudi telo govorilo in se ravnalo le po resnici, kakor je to narekoval duh. Toda ob smrti duha je bila komunikacija z Bogom prekinjena, zato je sovražnik hudič in Satan prevzel oblast nad človekom.

Spoznanje resnice, ki ga je Bog zasadil v človekovo srce, je začelo malo po malo iztekati, nastalo praznino pa je sovražnik hudič zapolnil s spoznanjem krivice, različnimi grehi in hudobijami. Sčasoma je v človeškem srcu prevladala krivica in ljudje so zapadli v vse vrste greha in hudobije. Da ‚gre duši dobro' se nanaša na čas, ko je duh obujen in zavzame vlogo gospodarja duše in telesa, tako kot v Adamovem primeru, ko je bil ta prvič ustvarjen.

Če želimo obuditi našega mrtvega duha, moramo sprejeti Jezusa Kristusa in prejeti Svetega Duha. Takrat Sveti Duh vstopi v naše srce, tam obudi mrtvega duha in nam pomaga napolniti naše srce s spoznanjem resnice. Med poslušanjem Besede nam pomaga razumeti in verovati, hkrati pa nas poučuje o grehu, pravičnosti in razsodnosti. Sveti Duh nam daje moč, da lahko v vsakem trenutku razmišljamo, govorimo in se ravnamo po resnici.

Ko se ravnamo po navodilih Svetega Duha, lahko skozi Njega dosežemo rojstvo duha. Krivice, kot so sovraštvo, prepirljivost, ljubosumje, prešuštvovanje in bolestno hlepenje, ki jih je v nas zasadil sovražnik hudič in Satan, bodo ena za drugo izkoreninjene in naše srce bo napolnjeno z resnico. In ko si tako napolnite srce z resnico, boste obnovili podobo prvega človeka Adama in takrat bo šlo vaši duši dobro.

Če preženete vse krivice iz vašega srca in če gre vaši duši dobro, ste v smislu mere vere dosegli četrto stopnjo vere. Takrat več niste umrljiv meseni človek in tudi ne oseba, nad katero gospoduje duša. Če v svojem srcu ne hranite povsem nič hudobije, vam Satan ne more vzbuditi krivičnih misli skozi vašo dušo.

Podobno je pri izbiri radijske frekvence, kjer na različnih frekvencah slišimo različne radijske prenose. Če je gospodar vaš duh, je vaše srce na frekvenci Svetega Duha. Če je gospodar vaša duša, potem pa je srce na frekvenci Satana.

Če si napolnite srce z resnico in če je gospodar vaš duh, boste sprejemali le poučevanje Svetega Duha oziroma resnico. Vaša duša in telo bosta poslušna vašemu duhu in tako boste razmišljali in se ravnali izključno samo po resnici. V nasprotnem primeru, ko je gospodar vaša duša, pa boste razmišljali in delovali kot si to želi Satan.

Oglejmo si naslednji primer. Predpostavimo, da vas na določeno osebo vežejo neprijetni občutki, ko ta oseba ponovno naredi nekaj, kar vam ni všeč. Takrat bo Satan deloval skozi vašo dušo. „Ponovno to počne. Sovražim ga. Morda ga celo udarim.“ Satan vam vcepi tovrstne krivične misli in če v tistem trenutku v vas vrejo zamere ali jeza, boste sprejeli tovrstne misli in se razjezili ali celo fizično napadli to osebo.

Tisti, katerih dušam gre dobro, pa navkljub prizadevanjem

Satana ne bodo sprejeli tovrstnih krivičnih misli, saj v srcu ne nosijo nobenega zla. Namesto sovraštva in jeze poznajo samo ljubezen, odpuščanje in sočutje, zato se tudi na nasilno vedenje neke osebe odzovejo z razumevanjem in ljubeznijo. Tako kot na napačni frekvenci ne slišimo želenega radijskega programa, tako Satan ne more nadzirati naših misli, kadar ga ne poslušamo. Ljudje, katerih dušam gre dobro, bodo obrodili osmero blagrov, devet sadov Svetega Duha, ter duhovno ljubezen, kot je opisana v trinajstem poglavju Prvega pisma Korinčanom.

5. Blagoslovi za ljudi duha

V skladu z našo mero vere bomo v nebesih deležni različnih nebeških bivališč in slave, prav tako pa bodo različni tudi materialni blagoslovi na tej zemlji. Če dosežemo četrto stopnjo, to pomeni, da smo se otresli celo grehov v našem srcu in postali posvečeni. Šele takrat se lahko okronamo za prave Božje otroke in šele takrat bomo kot otroci luči uživali duhovno oblast.

Prvo Janezovo pismo 5:18 pravi: „ *Vemo, da nihče, ki je rojen iz Boga, ne greši, ampak ga iz Boga rojeni varuje in hudič se ga ne dotakne.* " Sovražnik hudič in Satan obtožuje mesene ljudi, ki živijo v grehu, in nadnje pošilja preizkušnje in nesreče. Toda tiste, ki so pregnali grehe iz srca samega in ne grešijo, bo Bog obvaroval pred vsemi nesrečami in stisko.

Bog sicer dovoljuje določene preizkušnje, ki Njegovim otrokom pomagajo preiti v popolnega duha, vendar se te preizkušnje razlikujejo od tistih, za katerimi stoji sovražnik hudič. Seveda pa ti ljudje uspešno premagujejo te preizkušnje in pri tem čutijo Božjo bližino.

Tako je bilo v primeru Jožefa, Jakobovega sina, kateremu je Bog v Svoji previdnosti dovolil, da je bil prodan v suženjstvo. Šlo je za veliko preizkušnjo, toda Bog je ostajal z njim in mu dajal uspeh v vsem, česar se je lotil (Geneza 39:23). Po prestani preizkušnji ga je Bog povzdignil na bolj plemenit položaj.

Prvo Janezovo pismo 3:21-22 pravi: *„Ljubi, če pa nas naše srce ne obsoja, smo z Bogom zaupni in dobimo od Njega, kar Ga prosimo, ker se držimo Njegovih zapovedi in delamo, kar Mu je všeč. "* Ker ljudje duha ne grešijo, jim je dodeljena duhovna oblast. Zaupni so z Bogom in Ta usliši vse njihove prošnje in molitve. Zdaj pa si oglejmo blagoslove, katerih bodo deležni ljudje duha.

Blagoslovi za zdravje

Ljudje duha ne trpijo za boleznimi in slabostmi, saj jih ves čas varujejo goreči zidovi Svetega Duha, zato jim bolezni ne pridejo niti blizu. In četudi staknejo kakšno okužbo, bo ta takoj po njihovi molitvi ožgana z ognjem Svetega Duha.

Že pred prehodom v duha lahko doživite številna ozdravljenja, če le hodite v veri in bivate v duhovnem prostoru. Tudi če ste vpleteni v prometno nesrečo, v kateri je vaše vozilo močno poškodovano, vas bo Bog obvaroval, če le posvečujete Gospodov dan in darujete cerkvene desetine. In če Bog varuje že tiste, ki še sploh niso prešli v duha, potem je seveda samoumevno, da so ljudje duha deležni popolnega varovanja s strani Boga, zato se ne bodo srečevali z boleznijo in nesrečami. Če preidete v popolnega duha, si boste povrnili mladost, moč in zdravje.

Poleg tega prihaja do veličastnih ozdravljenj tudi takrat, ko ljudje duha molijo za druge. Kot piše v Jakobovem pismu 5:16: *„Zato izpovedujte grehe drug drugemu in molíte drug za drugega, da boste ozdravljeni. Veliko moč ima dejavna molitev pravičnega."*

Finančni blagoslovi

Preden sem sprejel Gospoda, sem se kot rezultat dolgotrajne bolezni ubadal z resnimi finančnimi težavami. Toda postal sem kristjan, premagal vse preizkušnje in prešel v duha, nakar me je Bog obilno blagoslovil in v zgolj nekaj mesecih sem uspel odplačati vse svoje dolgove. Kakor sejemo, tako nas Bog blagoslavlja. Poleg tega nam Bog vrača vsaj dvakrat toliko, kot smo darovali. Če osvojimo četrto stopnjo, ki predstavlja stopnjo duha, pa ne bomo želi le dvojno mero, pač pa veliko več.

Matej 13:23 pravi: *„V dobro zemljo vsejan pa je tisti, ki posluša besedo in jo tudi doume. Ta zares obrodi in daje sad: eden stoternega, drugi šestdeseternega in spet drugi trideseternega."*

In to ne velja samo za duhovne blagoslove, temveč tudi materialne. Kdor je prešel v duha in ima dobro srce, bo žel tridesetero, šestdesetero ali celo še več sadov. Če osvojite peto stopnjo, stopnjo popolnega duha, tedaj boste želi šestdesetero ali stotero sadov. Tudi kadar se zdi, da nobena pot ne vodi do blagoslovov in hkrati nimate nobenih posebnih veščin, vam bo Bog pripravil pot in vas vodil do blagoslovov. Devteronomij 28:1-14 obljublja blagoslove vsem tistim, ki so prešli v duha.

Vrstici 1 in 2 pravita: *"In nadte bodo prišli vsi ti blagoslovi in te dosegli, če boš poslušal glas GOSPODA, svojega Boga. 'Blagoslovljen boš v mestu in blagoslovljen boš na polju.'"* Vrstici 5 in 6 pravita: *"Blagoslovljena bosta tvoj koš in tvoje nečke. Blagoslovljen boš ob prihodu in blagoslovljen boš ob odhodu."*

Blagoslovi bodo prišli tudi nad tiste, ki spremljajo ljudi duha. Tako kot je Lot spremljal Abrahama in bil blagoslovljen z bogastvom.

V Genezi 12:3 je Bog obljubil Abrahamu: *"Blagoslovil bom tiste, ki te bodo blagoslavljali, in preklel tiste, ki te bodo preklinjali, in v tebi bodo blagoslovljeni vsi rodovi zemlje."*

Da bi prejeli oblast nad blagoslovi in prekletstvi, morate najprej vstopiti v popolnega duha. Celo na četrti stopnji vere, torej na stopnji duha, bodo ljudje v vaši bližini prejeli blagoslove skupaj z vami, če so le čisti v Božjih očeh, kajti v nasprotnem primeru ne morejo prejeti blagoslovov, kot to veleva Božja pravičnost.

Za stalno vodstvo Svetega Duha

Če osvojite tretjo stopnjo vere in stopite na ,skalo vere', se boste znali držati Božje besede in posledično boste deležni vodstva Svetega Duha. Uspešni boste na skoraj vseh področjih življenja. Ampak še vedno pa niste dosegli stopnje, kjer je vaše srce napolnjeno z resnico in se v celoti zanašate na Boga.

V tem stanju boste sicer deležni vodstva Svetega Duha, a ne v polni meri, saj v sebi še naprej gojite določene mesene misli. Zato boste včasih nekoliko zmedeni. Na primer, ko boste sledili

Svetemu Duhu in pri tem naleteli na določene ovire, vas bo morda zajelo malodušje in se boste spraševali: „Sem resnično prejel vodstvo Svetega Duha ali pa je vse skupaj plod mojih lastnih misli?"

Medtem pa so srca tistih na četrti stopnji vere v celoti napolnjena z resnico in Božja beseda je zakoreninjena v njihova življenja. Sploh se ne trudijo ravnati po Besedi, a ker se je njihovo srce spremenilo v resnico samo, njihova dejanja že po naravi izhajajo iz resnice.

Na tej stopnji ste deležni stalnega vodstva Svetega Duha in ste poslušni samo Njegovemu glasu. Kadar za kaj molite, to počnete s trdno vero, vse dokler vaša molitev ni uslišana. V kolikor ravnate na ta način, vas bo Bog nežno vodil skozi življenje. Ko vam bo primanjkovalo modrosti, vam bo Bog dal modrosti; in ko vam bo primanjkovalo razumevanja, vam bo Bog dal razumeti.

Kadar se ljudje duha pri svojem dejanju zanesejo na Boga, jih Ta obvaruje, tudi če pri tem ravnajo napačno in za trenutek nasprotujejo Božji volji. Tudi kadar jim kak zlobnež pripravi past, bo Bog Sam prevzel nadzor in jih popeljal na pot okrog pasti, oziroma bo razrešil nastalo situacijo v dobro vsega.

Kot pravi Devteronomij 28:13: „*GOSPOD te bo naredil za glavo in ne za rep; samo navzgor boš šel in nikoli navzdol, če boš poslušal zapovedi GOSPODA, svojega Boga, ki ti jih danes dajem, in jih vestno izpolnjeval.*"

Daniel in njegovi trije prijatelji so brezpogojno izpolnjevali Božje zapovedi tudi v primeru, ko so se znašli v ujetništvu na tuji zemlji. Bog jih je nagradil z veliko modrosti in razumevanja, da bi si lahko izborili priznanje s strani kralja in zasedli visoke položaje. Tudi ko so jih ničvredneži obtožili in jim je grozilo, da bodo vrženi v ognjeno peč ali levnjak, jih je Bog obvaroval do te mere, da ni bil skrivljen niti en sam las na njihovi glavi.

Blagoslov evangelizacije družine

Apostolska dela 16:31 nas učijo: *„ Veruj v Gospoda Jezusa in rešen boš ti in tvoja hiša!“* Kadar nekdo veruje v Gospoda in postane pravi kristjan, bo poleg njega odrešenje prejela tudi njegova družina.

V 10. poglavju Apostolskih del je Kornelij zbral svoje družinske člane in prijatelje, vključno s Petrom. Vsi so prisluhnili evangeliju in prejeli Svetega Duha. Dejstvo, da se je na njegovo željo zbralo toliko ljudi, nam daje jasno vedeti, kakšno vsakdanje življenje je vodil Kornelij.

Če kot Kornelij tudi vi živite pobožno življenje, bodo vaši družinski člani, prijatelji in vsi okrog vas zaupali vašim besedam. Vaše besede bodo imele moč za dosego velikih stvari. Če torej molite za evangelizacijo vaše družine, pri sebi preverite, ali ste postavili dober zgled za služenje in požrtvovalnost.

Četudi še niste v celoti prešli v duha, bodo vaši družinski člani pridobili vero do te mere, do katere ste prešli v duha ter izkazujete milost in radodarnost do drugih ljudi.

Prehod v duha pa ne pomeni samo opravljanja Božjega dela, oznanjevanja Njegove moči ter usmerjanja ljudi v slavljenje Boga. Ljudje duha so ponižni in služijo drugim v vsakem trenutku vsakdanjega življenja, zato njihove besede in dejanja izražajo izredno lepoto.

To je dokaz, da hodijo v duhu. Tako namreč postanejo luč in

sol ter slavijo Boga. Če se spremenite na ta način, ne bodo ganjeni samo drugi ljudje, temveč tudi Bog, za kar vas bo bogato blagoslovil.

Nebeška slava

V tem poglavju bomo govorili o blagoslovih, ki jih prejmejo tisti, ki preidejo v duha. Pri tem pa velja, da se noben blagoslov tega sveta ne more primerjati z blagoslovi, ki jih bodo deležni v večnem nebeškem kraljestvu. Življenje v drugem nebeškem kraljestvu, kjer bivajo tisti na tretji stopnji vere, se močno razlikuje od življenja v tretjem nebeškem kraljestvu, kjer bivajo tisti na četrti stopnji vere.

Glavna razlika je, da tisti na prvih treh stopnjah vere še v nebesih ne morejo videti Gospodovega obraza. Kot piše v Pismu Hebrejcem 12:14: *„ Prizadevajte si za mir z vsemi in za posvečenost. Brez nje nihče ne bo videl Gospoda. “*

Prizadevati si moramo za mir z vsemi in za posvečenost, za kar pa moramo najprej osvojiti četrto stopnjo vere. V kolikor ne odpravimo vseh grehov v našem srcu in ne preidemo v duha, ne bomo videli obrazov našega Gospoda oziroma Boga Očeta. Sicer smo lahko še vedno rešeni in vstopimo v nebeško kraljestvo, vendar pa zaradi močne luči slave ne bomo mogli dvignite glave proti njunima obrazoma.

Kdor ni prebivalec Novega Jeruzalema potemtakem ne bo mogel kar vstopiti v to mesto, četudi je prejel povabilo. Nebeška telesa namreč oddajajo različno svetlobo v različnih nebeških bivališčih. Prebivalci prvih, drugih in tretjih nebes si bodo morali ob vstopu v Novi Jeruzalem nadeti posebna ogrinjala, ki jim bodo pomagala tolerirati razliko v svetlobi.

Še vedno pa bodo ti ljudje obžalovali, da ne morejo pogledati naravnost v obraz našega veličastnega Gospoda. Tako kot v starih časih v Koreji, ko ljudje iz globokega spoštovanja niso upali dvigniti glave pred cesarjem oziroma kraljem.

Prebivalci tretjega nebeškega kraljestva, ki so dosegli posvečenje svojega srca, pa že lahko vidijo Gospodov obraz, saj jim je le malo zmanjkalo, da bi bili zvesti v vsej Božji hiši. S tem v mislih nam hitro postane jasno, kako velika je razlika med posvečenimi in neposvečenimi ljudmi.

6. Tretje nebeško kraljestvo

Nebeška bivališča so neprimerljivo srečnejši kraji kot ta naša zemlja. V njih ni krivice in namesto žalosti in bolečine tam vladata samo radost in ljubezen. Tam so tudi čudoviti angeli, polno izjemne lepote in v ozadju se sliši prijetna melodija slavljenja. Gre za kraj, v katerem bomo večno živeli skupaj z našimi najdražjimi. Toda slava, ki jo bomo uživali v nebesih, se bo razlikovala v skladu z našo mero vere.

V prvem in drugem nebeškem kraljestvu je veliko angelov, ki skrbijo za stvari in občasno pomagajo Božjim otrokom, vendar nikomur ne strežejo osebno. Angeli, ki strežejo posameznikom, namreč spremljajo le tiste v tretjem in višjih nebeških kraljestvih. Tudi število teh spremljajočih angelov se razlikuje v odvisnosti od tega, do kolikšne mere je posameznik posvečen in kako zvesto je služil Bogu z dejanji vere in poslušnosti.

Tudi sama pomoč, ki jo nudijo angeli, je v drugem nebeškem kraljestvu zelo drugačna kot v tretjem nebeškem kraljestvu, kjer angeli berejo misli svojih gospodarjev in jim tako nemudoma ustrežejo. Če si gospodar na primer zaželi sadja, bodo angeli prebrali njegove misli in mu prinesli sadje. Medtem pa morajo tisti v drugih nebesih prositi angele, naj jim postrežejo s sadjem.

Tisti, ki vstopijo v tretje ali višja nebeška kraljestva, prejmejo tudi oblakom podobne avtomobile. Prebivalci Novega Jeruzalema imajo tovrstne avtomobile v zasebni lasti, medtem ko so prebivalcem tretjega nebeškega kraljestva na voljo samo za javno rabo. Tudi oblaki se v nebesih močno razlikujejo od oblakov na zemlji. Nebeški oblaki so kot nekakšno okrasje, ki dodaja k veličastnosti in lepoti.

Prav tako se v različnih nebeških kraljestvih razlikujejo tudi ljudje po svoji zunanjosti. Sijaj slave, oblačila, vzorci na oblačilih, okrasje in pričeske se močno razlikujejo, tako da lahko zlahka prepoznamo, kako je posameznik posvečen in ljubljen s strani Boga.

Kaj pa domovi tretjega kraljestva? Kako so grajeni? V drugem kraljestvu najdemo samo enonadstropne zgradbe, medtem ko se v tretjem kraljestvu raztezajo čez več nadstropij. Okrašene so s suhim zlatom in dragulji, pred njimi pa se bohotijo jezera in čudoviti vrtovi, polni krasnega dišečega cvetja in dreves. V jezerih plava veliko rib, s katerimi se lahko zapletete v prijeten pogovor.

V drugem nebeškem kraljestvu si lahko lastite katerikoli objekt, kot je denimo igrišče za golf, plavalni bazen ali sprehajalna pasaža, vendar pa lahko izberete samo enega. Po drugi strani pa si lahko v tretjem kraljestvu lastite vse vrste objektov in prostorov. Graščine, ki vsebujejo vse te prostore, so okrašene s toliko blišča in lepote, da tega ne morejo posnemati še najbogatejši milijonarji na tej zemlji.

Še ena razlika v primerjavi z drugim kraljestvom je ta, da v tretjem kraljestvu ni ščitkov z imeni lastnikov na vratih. Hiše namreč oddajajo posebne in edinstvene vonjave, ki dajejo ljudem jasno vedeti, kdo je lastnik. Tako kot vsaka oseba oddaja drugačen duhovni vonj, tako sta drugačna tudi vonj in svetloba, ki izhajata iz posamezne hiše. Bolj ko je lastnik posvečen in podoben Bogu, bolj čudovito svetlobo in vonj bo oddajala njegova hiša.

Kakšni pa so venci, ki jih prejmejo ljudje v tretjem nebeškem kraljestvu? Jakob 1:12 pravi: „*Blagor človeku, ki stanovitno prenaša preizkušnjo, kajti ko bo postal preizkušen, bo prejel venec življenja, ki ga je Bog obljubil njim, kateri Ga ljubijo.*" V tretjih nebesih se torej daje vence življenja.

To potrjuje tudi Razodetje 2:10: „*Bodi zvest vse do smrti in dal ti bom venec življenja.*" Biti zvest do smrti pomeni biti zvest na duhovne načine. Ti ljudje z mučeniško vero izpolnjujejo svoje od Boga dane naloge v korist Božjega kraljestva. Poleg tega ne sklepajo kompromisov s svetom in se do krvi upirajo grehom, samo da bi dosegli popolno posvečenje. Tako ostajajo zvesti vse do smrti.

Kdor vstopi v tretje nebeško kraljestvo, ta je dosegel posvečenje in bil zvest vse do smrti, za kar bo nagrajen z vencem življenja. Poleg tega bo prejel venec življenja in bival v tretjem kraljestvu vsak, ki se je žrtvoval za Gospoda, pa čeudi ni dosegel popolnega posvečenja. Edini pogoj je ta, da mučenik žrtvuje svoje življenje v iskreni veri in ljubezni.

Ljudje ne smemo hrepeneti po posvetni slavi in časti, temveč samo po posvečenju in premagovanju grehov. Zato upam, da ne hrepenite po svetu, temveč samo po prehodu v duha in popolnega duha, in da si vsak trenutek življenja prizadevate s silo utreti pot v veličastnejše nebeško bivališče.

Koraki za dosego pete stopnje vere

„Po njiju nam Je podaril tiste dragocene

in največje obljube,

da bi po teh postali deležni božanske narave

in ubežali pred svetno,

poželjivo pokvarjenostjo.

Prav zato prispevajte vso vnemo

in tako dodajte vaši veri krepost, kreposti spoznanje,

spoznanju samoobvladanje, samoobvladanju stanovitnost,

stanovitnosti pravo pobožnost,

pravi pobožnosti bratoljubje,

bratoljubju ljubezen. "

(2 Petrovo 1:4-7)

Četrta stopnja vere je stopnja, ko gre vaši duši dobro in ste zato deležni blagoslovov na vseh področjih. Še vedno pa niste v celoti napolnili svoje srce z duhovno vsebino. Na primer, tisti na četrti stopnji vere ne nosijo greha imenovanega ‚sovraštvo‘, ampak nosijo samo ljubezen, ki pa se od osebe do osebe razlikuje po veličini in globini. Toliko ljubezni, kot jo vložijo v čisto posodo, v kateri ni sovraštva, do te mere lahko izpopolnijo svojega duha. Zdaj pa si oglejmo mero vere glede na različne stopnje pravičnosti ter s čim se moramo napolniti, da bi dosegli peto stopnjo vere.

1. Stopnje pravičnosti

Pravičnost lahko razdelimo na štiri stopnje. Če vas krasi prva stopnja pravičnosti in je neka oseba zlobna do vas, vas bo prevzelo nelagodje, vendar boste potrpežljivi in hudobije ne boste poplačali s hudobijo. Na tem svetu je prva stopnja pravičnosti nekakšen sinonim za izredno dobrega človeka. V smislu mere vere pa je prva stopnja pravičnosti enaka tretji stopnji vere, pri kateri se znate ravnati po besedi.

Toda v Božjih očeh se prva stopnja pravičnosti ne smatra za resnično pravičnost, kajti takšni ljudje še vedno nosijo hudobijo v srcu, četudi se ne zatekajo k zlobnim dejanjem. Iz tega razloga

Bog priznava šele drugo in višje stopnje pravičnosti. Če ste osvojili drugo stopnjo pravičnosti in je nekdo zloben do vas, mu ne boste prav ničesar zamerili, temveč mu boste nemudoma odpustili, saj v srcu ne nosite nič hudobije. To pomeni, da imate čisto, duhovno srce, kar je pokazatelj, da ste osvojili četrto stopnjo vere.

Kaj je značilno za tretjo stopnjo pravičnosti? Predvsem ste sposobni oprostiti pokvarjenim ljudem, do katerih ne gojite nobenih negativnih čustev. Z lepimi besedami in dejanji se znate dotakniti in omehčati srca ljudi. Tega je sposoben vsak, ki je osvojil četrto stopnjo vere oziroma se nahaja na začetku pete stopnje.

Pri četrti stopnji pravičnosti posedujete žrtveno ljubezen, s katero lahko žrtvujete celo svoje življenje za osebo, ki je zlobna do vas. Ta stopnja pravičnosti je enaka peti stopnji vere in ti ljudje so Bogu po volji. Med svetopisemske primere spadajo Abraham, Mojzes in Elija iz Stare zaveze, ter Pavel, Peter, Janez, Štefan in Filip iz Nove zaveze.

Jezus je bil pribit na križ ne samo, da bi rešil dobre ljudi, temveč tudi zlobneže. Celo med samim križanjem Je prosil za odpuščenje za tiste, ki so Ga križali. Šele ko znamo izkazovati takšno ljubezen, lahko rečemo, da smo dosegli najvišjo stopnjo pravičnosti.

2. Odpravite sledi mesa

Na četrti stopnji vere ste odpravili vse svoje grehe, še vedno pa se v vas skrivajo sledi mesa. Ljudje smo rojeni z izvirnim grehom, in ker živimo v svetu, ki sta ga predrugačila greh in hudobija, morda v sebi še vedno nosite sledi mesenega življenja. In šele, ko se izpopolnite tudi v tem pogledu, lahko preidete v popolnega duha in postanete deležni božanske narave.

Te sledi mesa so tesno povezane s prvotnimi značajskimi lastnostmi, ki jih je imel posameznik, preden se je spremenil v duha. Nekdo je lahko na primer pošten, odkrit, iskren in pravičen, a morda ni dovolj ljubeč in velikodušen. Nekateri ljudje radi darujejo drugim in so polni ljubezni, vendar se njihova čustva zlahka spremenijo in postanejo neotesani v svojih besedah in dejanjih. Spet drugi ljudje so vse življenje zvesto opravljali svoje naloge in bili ljubljeni s strani drugih, zato v globini srca nosijo prevzetnost, ki se je morda sploh ne zavedajo.

Ko se ti ljudje otresejo vseh grehov in stopijo na četrto stopnjo vere, v sebi še vedno nosijo ostanke tega svojega nekdanjega značaja. Zaradi teh sledov mesa gredo skozi preizkušnje, da bi dosegli popolno podobnost Bogu. Bog je ljubezen, zato tem ljudem dovoli iti skozi preizkušnje, da bi odpravili te sledi mesa in prešli v popolnega duha.

Morda se sprašujete: „Kako lahko v človeku ostajajo sledi mesa, potem ko je odpravil vse grehe in hudobijo?" Še najlažje boste razumeli, če pomislite na pranje perila. Bela zapackana oblačila tudi po pranju ne bodo nikoli več tako čista kot so bila v trenutku izdelave. Ravno tako pa so tudi reči, ki jih ljudje vnesejo vase za čas svojega življenja na tem mesenem svetu. In prav te reči ostajajo v obliki sledov oziroma ostankov tudi potem, ko so ljudje odpravili vse grehe in postali posvečeni.

Človek na četrti stopnji vere je torej vsekakor človek duha, ki pa ima v sebi ‚sledi mesa‘, zato mora v popolnosti obroditi sadove resnice, da bi dosegel podobnost Bogu. In ko bo posameznikovo srce napolnjeno s sadovi resnice, ki v resnici predstavljajo sadove duha, bodo postopoma izginile tudi njegove sledi mesa.

Naj vam predstavim primer iz Svetega pisma, da boste lažje razumeli razliko med duhom in popolnim duhom.

V 12. poglavju Geneze je egipčanski kralj Abiméleh poslal po Abrahamovo ženo Saro in jo vzel k sebi. Abraham se je pred obiskom Egipta zbal za svojo varnost in da bi mu odvzeli ženo Saro, zato je Saro prosil, naj se izdaja za njegovo sestro. Kar pa sploh ni bila laž, saj sta dejansko bila v sorodu po krvi. Pravzaprav njegova zaskrbljenost ni izvirala iz boječnosti ali nevere v Boga.

Abraham se je znal postaviti zase in je verjel, da bo ob Božji pomoči premagal vse morebitne težave. Kljub temu pa se je želel izogniti težavam, zato je iskal prebrisano rešitev, ki jo je naposled tudi našel. To pa ni bila mesena misel, ki bi izvirala iz krivice, temveč je bila človeška misel, ki je bila rezultat človekovih pomanjkljivosti. Temu lahko rečemo mesena sled.

Če bi bil Abraham v tistim trenutku popolni duh, se mu ne bi porodila ta zamisel, ampak se bi v celoti zanesel na Boga. In Bog mu je omogočil to preizkušnjo, da bi Abraham pridobil več zaupanja Vanj. Tako je Faraon vzel njegovo ženo Saro, in ker jo je Abraham predstavil kot svojo sestro, je lahko samo molčal pred faraonom in bil v skrbeh zanjo.

Toda Bog je posredoval v Abrahamovo korist. Nad faraona in vso njegovo hišo je poslal nadloge in že kmalu zatem je bil Abraham ponovno združen s svojo ženo. Abraham je že pred tem zaupal Bogu, skozi ta dogodek pa je samo še dodatno izkusil

Njegovo vsevednost in vsemogočnost. Seveda pa Abrahama ni doletela preizkušnja zaradi nezaupanja v Boga, kot tudi ne zaradi grešenja, zato ni utrpel nobenih posledic. Vseeno pa je skozi to preizkušnjo, ko je bil nekaj časa močno v skrbeh za svojo ženo, pridobil vero v zaupanje Bogu.

Oglejmo si praktičen primer. Denimo, da nek starešina daje napotke glede določenega dela, ki ga izvajajo njegovi podrejeni. Tega ne počne v svojo lastno korist ali da bi komurkoli povzročal težave, temveč želi zgolj izpolniti Božjo voljo ter da bi delavci prejeli blagoslove za dobro opravljeno delo, zato jim samo svetuje, kako bi to najlažje dosegli.

Toda delavci lahko te njegove besede sprejmejo na povsem drugačen način. Morda se jim bodo zdele pokroviteljske in se bodo počutili neprijetno. Starešina bo tako v njihovih očeh morda izpadel kot oseba na tretji stopnji vere, ki s svojo samopravičnostjo drugim otežuje delo. Toda človek duha nima nobene želje po slavi, osebnem priznanju, ali da bi kogarkoli obsojal in zaničeval. Ljudje duha so posvečeni ljudje brez hudobije in v tem primeru starešina ravna izključno samo v želji, da bi izpolnil Božjo voljo.

V kolikor pa so delavci resnično podobni Božjemu srcu, bodo prejeli bolj jasen navdih od Svetega Duha in bodo znali ohraniti mir. Če se torej znajdete kot starešina v kakršnemkoli napetem ozračju, bodite ponižni in dodobra preučite okoliščine. Upoštevajte vero, srce in stališča drugih, in četudi delo napreduje zelo počasi, bodite vedno potrpežljivi. Kajti če boste pomislili: „Govorim v dobri nameri, v korist Božjemu kraljestvu, oni pa v svoji pokvarjenosti niso sposobni sprejeti mojih besed,“ in jih boste pomilovali, to ne bo obrodilo nič dobrega.

Med tistimi, ki so prešli v duha, so tudi ljudje, ki so obtičali na začetku četrte stopnje. Prešli so v duha in so povsem brez hudobije, zato vidijo le dejstvo, da imajo prav, pri tem pa se ne zavedajo višje stopnje pravičnosti. Zato tudi če ste stopili na četrto stopnjo vere in ste brez hudobije, vam bo Bog še vedno poslal preizkušnje, ki vam bodo pomagale odpraviti tovrstne pomanjkljivosti.

3. Napolnite se z vsebino duha

Tudi potem, ko ste osvojili četrto stopnjo vere in pripravili čisto posodo srca, morate to posodo še vedno napolniti z duhovno vsebino, če želite postati popolni. Toda kaj pomenijo besede ‚napolniti z vsebino duha‘?

Ko je v 13. poglavju Geneze Bog blagoslovil Abrahama, je bil njegov nečak Lot, ki je potoval z Abrahamom, prav tako deležen blagoslovov. Toda ko sta se po Božjem blagoslovu njuni drobnici številčno okrepili, so se začeli njuni pastirji med seboj prepirati zaradi trave in vode. Abraham se je prvi domislil rešitve za vzpostavitev miru. Lotu je dovolil prvemu izbrati pokrajino, nakar se je ta odselil proti vzhodu. Če bi bil Abraham na tretji stopnji vere, bi morda zameril in se sprl z Lotom.

Kako pa bi potem v tem primeru ravnali tisti na četrti stopnji vere, ki že v osnovi ne gojijo nobenih negativnih čustev? Najbrž ni našli razumno rešitev in se ločili, pri tem pa prav tako ne bi čutili nobenega sovraštva drug do drugega.

Ker je bil Abraham starešina, bi lahko Lotu ukazal naslednje:

„Zavoljo miru bo najbolje, da se ločiva. Jaz bom izbral to smer, ti pa pojdi v tisto smer." A ker je bil oseba, ki je že vstopila v duha, ne bi nikoli iskal lastne koristi, tudi če bi prvi izbiral pokrajino. In tako je Abraham z velikim srcem ustregel Lotu.

> *„ Mar ni vsa dežela pred teboj? Loči se torej od mene! Če pojdeš ti na levo, grem jaz na desno, če se ti obrneš proti desni, bom jaz krenil na levo "* (Geneza 13:9).

Abraham je Lotu dovolil prvemu izbrati pokrajino in je tako dosegel mir med njima. Njegovo dejanje je jasen pokazatelj, da je bilo Abrahamovo srce že takrat polno duhovnih sadov. Abraham se ni ustavil na stopnji brez slehernega negativnega čustva, temveč je pridobil takšno srce, da je znal z dobrim odgovoriti na zlo.

Posameznikova dejanja so lahko že na četrti stopnji vere izredno ganljiva in velikodušna, in sicer do te mere, do katere je oseba napolnjena z duhovnimi sadovi. Ko človek obrodi 50 %, 80 % in naposled 100 % duhovnih sadov, bo njegovo srce v celoti napolnjeno z resnico, kar pomeni, da je pridobil srce popolnega duha. Takrat bo tudi v primerih, ko se bo znašel pred težko odločitvijo, lažje izbral način, kako čim bolj ugajati Bogu.

Če je v določeni situaciji vsaka odločitev dobra in ni v nasprotju z resnico, lahko tisti na začetni fazi četrte stopnje brez pomisleka izberejo katerokoli odločitev. Toda več duhovnih sadov, ko so jih obrodili, bolj bodo razumeli Božje srce, zato bodo pri svojih odločitvah raje kot sebi ugajali Bogu. Do te mere, do katere je posameznik na četrti stopnji vere napolnil svoje srce z duhovno vsebino, bo napredoval iz duhovnega stanja, kjer zgolj ne poseduje hudobije, proti stanju popolne pravičnosti.

Seveda pa imajo ljudje na začetku četrte stopnje še vedno različne dimenzije pravičnosti. Nekateri posedujejo veliko ljubezni in nežnosti, medtem ko druge krasi več sadov požrtvovalnosti, služenja in zvestobe. Zato nikakor ne moremo reči, da je nekdo na peti stopnji vere samo zato, ker je lepo obrodil določene sadove, ali samo zato, ker se občasno vede kot oseba popolnega duha.

Ravno zato morajo tudi ljudje na četrti stopnji vere skozi preizkušnje in se izpopolniti, zato da bi bili v vseh pogledih podobni Gospodu. Posameznika lahko okronamo za osebo popolnega duha šele takrat, ko je obrodil vse vrste različnih sadov resnice, kot so denimo sadovi ljubezni iz 13. poglavja Prvega pisma Korinčanom, osmero blagrov, devet sadov Svetega Duha ter sadovi luči.

Na četrti in višjih stopnjah vere postanemo združeni z Bogom v pravi ljubezni

Ljubeči Bog je Svojim otrokom poklonil zelo posebno milost odrešenja. Večno življenje je dal vsem tistim dušam, ki so bile obsojene na pekel, in jim odprl pot v nebeško kraljestvo. Poleg tega se Bog odziva na vse prošnje Njegovih otrok, kadar Ga ti prosijo z duhovno vero (Matej 8:13).

Toda zakaj potem nekateri ljudje ne prejmejo odgovorov, četudi iskreno prosijo? Razlog je ta, da nimajo dokazov vere, ki bi jih lahko Bog sprejel. Glavno merilo za oceno naše mere vere je to, ali zvesto izpolnjujemo Božjo besedo ter v kolikšnem obsegu smo odpravili grehe in hudobijo iz svojega srca. Bolj kot smo podobni Bogu, bolj se bo povečala naša mera vere in posledično bomo prejeli več blagoslovov.

Tudi kot Božji otroci, ki so prejeli Svetega Duha, vam bo še vedno sila težko izkusiti Božja dela, v kolikor vaša vera ostaja na isti točki ali celo upada. Zato, če ste na prvi stopnji vere in ste prejeli odrešenje, marljivo poslušajte Božjo besedo in se po njej ravnajte, da boste kar najhitreje stopili na drugo in kasneje tretjo stopnjo vere.

Samo kadar v celoti zaživite v Božji besedi, oziroma kadar stopite na četrto ali višjo stopnjo, lahko z Bogom delite pravo ljubezen in kot pravi Božji otroci prejmete vse, kar v svoji molitvi prosite Boga. In ko boste naposled osvojili tudi peto stopnjo vere, bo Bog ustregel poželenjem v vašem srcu, še preden boste sploh za karkoli molili. Tako boste izkusili Božje delovanje v vseh stvareh, in živeli boste za Božjo slavo, pa naj jeste, pijete ali počnete karkoli drugega.

4. Preizkušnje pred prehodom na peto stopnjo duha

Ljudje na četrti stopnji vere so tisti posamezniki, ki so odpravili grehe in hudobijo iz svojih src in imajo čiste posode. Kljub temu pa jih še vedno ne moremo označiti za popolne, saj se namreč ne smejo zadovoljiti na tej točki brez greha, pač pa morajo v celoti napolniti svoja srca s pravičnostjo. Čista posoda mora biti zapolnjena z duhovno vsebino, oziroma obroditi morajo obilo duhovnih sadov. Šele tedaj bodo izginile njihove sledi mesa in bodo postali ljudje popolnega duha s popolno podobnostjo Gospodu. V svojih dejanjih in besedah bodo odsevali Gospoda, saj bodo izkazovali milost in velikodušnost vsem ljudem okrog njih. Dobro bodo vedeli, kaj najbolj ugaja Bogu in se bodo tako tudi ravnali.

Pismo Efežanom 4:13 pravi: „ ...*dokler vsi ne pridemo do edinosti vere in do spoznanja Božjega Sina, do popolnega človeka, do mere doraslosti Kristusove polnosti.* " 15. vrstica pa dodaja: „ ...*pač pa živimo iz resnice v ljubezni, da bomo v vsem rastli Vanj, ki je glava, Kristus.* "

Celo ljudje duha morajo skozi preizkušnje, da bi zrasli do mere doraslosti Kristusove polnosti. Toda kakšne preizkušnje morajo premagati, preden dosežejo peto stopnjo vere?

Na tretji in nižjih stopnjah lahko sovražnik hudič privede obtožbe zoper Božje otroke zaradi njihovih grehov in hudobije. In tako jim Bog dovoli iti skozi preizkušnje, ki potekajo pod Satanovo oblastjo. S četrto stopnjo pa Bog Satanu ne dovoljuje več preizkušati Njegovih otrok, četudi morajo ti še vedno skozi določene postopke prečiščevanja. Bog jih prečisti kar Sam in tako v njih izginejo vse sledi mesa in postanejo napolnjeni s popolnimi sadovi.

Job se je na primer bal Boga in bil pravičen mož, a to še ne pomeni, da je odpravil vso hudobijo iz svojega srca. Nahajal se je na zadnji fazi tretje stopnje vere in se po svojih najboljših močeh držal Božjega zakona, saj je globoko v srcu čutil velik strah pred Bogom. Vseskozi je bil nemiren in zaskrbljen, da ne bi Bog nad njega poslal nesreče. Skrbelo ga je, ker ni razumel srca Boga

Očeta in ker ni v popolnosti zaupal v Njegovo ljubezen.

Prvo Janezovo pismo 4:18 pravi: „ *V ljubezni ni strahu, temveč popolna ljubezen prežene strah. Strah je namreč povezan s kaznijo, in kdor se boji, ni dosegel popolnosti v ljubezni.* "

Ta njegov strah nam daje jasno vedeti, da ni posedoval popolne ljubezni in da ni pridobil duhovnega srca. In ko se je Job znašel pred sodbo, ga je Satan obtožil in tako mu je Bog poslal celo vrsto preizkušenj. V enem samem dnevu je izgubil veliko bogastvo in vse svoje otroke. Po vsem telesu je dobil boleče izpuščaje in zapustila ga je žena.

Sprva se je zdelo, da mu gre dobro in da uspešno ohranja pravičnost pred Bogom, a ko je bolečina postala nevzdržna, se je začela hudobija znotraj njega vse bolj razkrivati. Grešna narava je kar naprej bruhala skozi njegove ustnice. Pritožil se je nad svojima staršema, ki sta mu dala življenje, in preklel je od Boga ustvarjeno naravo.

Nazadnje se je pritožil še čez Boga, rekoč: „Ničesar nisem zagrešil, a je Bog nad mene poslal nesrečo. Bog je kriviČen." S hudobijo v očeh je zviška gledal na svoje prijatelje in se z njimi prerekal. V svojih dejanjih je bil sicer pravičen, a ker se ni zavedal hudobije, ki jo je nosil globoko v sebi, ga je Satan obtožil te hudobije in mu nakopal veliko nesreče.

Seveda pa vernike ne doleti nesreča samo zaradi njihove grešne narave. Četudi niso odpravili vseh grehov in hudobije iz svojega srca, dokler živijo po Besedi, jih nesreča ne bo spremljala.

Jobov primer je poseben, saj ni grešil v svojih dejanjih, pač pa je zaupal Bogu in naredil veliko dobrih del. Tako bi lahko Bog preprosto ovrgel Satanove obtožbe, vendar pa tega ni storil, saj Je želel Joba narediti popolnejšega, potem ko bi ta uvidel svojo hudobijo. In ko je Job skozi to preizkušnjo spoznal svojo hudobijo, se je temeljito pokesal in izkoreninil vso hudobijo iz globin svojega srca. Na koncu ga je Bog nagradil z dvakrat več blagoslovi, kot jih je imel prej.

Razlika med preizkušnjami na tretji in četrti stopnji

Job je bil na tretji stopnji vere, ko je šel skozi preizkušnjo pod Satanovo oblastjo. Šlo je za povsem drugačno preizkušnjo od tistih, ki se dajejo ljudem na četrti stopnji in za katerimi stoji Bog Sam. Oblast sovražnika hudiča in Satana je oblast teme, ki se lahko vrši samo nad ljudmi, ki nosijo grehe in hudobijo. Satan tako ne more spraviti nesreče ali bolezni nad tiste ljudi duha, ki so osvojili četrto stopnjo in so brez greha in hudobije. Včasih se sicer preizkušnje na četrti stopnji zdijo podobne preizkušnjam na tretji stopnji, vendar pa je potek in sam rezultat povsem drugačen.

Denimo v primeru Jožefa, kateremu je Bog ves čas stal ob strani, tudi v preizkušnjah, med katerimi ga je varoval s Svojimi ognjenimi očmi in mu pomagal do spreobrnjenja. Hkrati mu je Bog pomagal postati najpomembnejši mož Egipta.

Prodan je bil za sužnja, a je pridobil zaupanje svojega gospodarja, ki ga je postavil za oskrbnika svoje hiše in vsega, kar je imel. Po krivem je bil obsojen in vržen v ječo, a je tudi tam pridobil naklonjenost v očeh načelnika ječe, ki mu je izročil vse politične jetnike, preko katerih je Jožef pridobil znanje za vodenje države.

Bog je Jožefu namenil vse te preizkušnje, da bi razširil njegovo posodo, ne zato, ker bi grešil ali imel premalo vere. In tako sovražnik hudič ni mogel priklicati nobene bolezni ali nesreče nad njega.

Da bi bolje in lažje razumeli razliko med tretjo in četrto stopnjo, pomislimo na primer Davida. David je zagrešil greh, preden je prešel v duha. Da bi prikril svojo krivdo, je dal umoriti moža Urijaja z mečem Amonovih sinov. Zaradi tega je sovražnik hudič obtožil Davida in ta se je znašel pred velikimi preizkušnjami.

Umrl mu je sin Salomon, ki ga je imel z ženo Batšébo, medtem pa se je Absalom, njegov drugi sin, uprl proti njemu in bil prisiljen v beg za svoje življenje. David se je seveda pokesal, še preden je prerok Natán obsodil njegov greh, a je zaradi Satanove obtožbe moral kljub temu skozi preizkušnje.

Preizkušnje so Davida naredile še bolj ponižnega in pravičnega pred Bogom, kateri mu je kasneje, ko je bil David že v duhu, poslal novo preizkušnjo. Satan je namreč spodbodel Davida k popisu prebivalstva, čigar namen je bil prešteti število vojakov, sposobnih za bojevanje. S tem popisom se je David zanesel na človeka in ne na Boga. Zanašati bi se moral samo na Boga, vendar je dal prešteti ljudstvo, četudi mu Bog tega ni zapovedal.

Ko je David uvidel svojo napako, se je nemudoma pokesal, a kljub temu priklical veliko preizkušnjo. Nad Izrael se je zgrnila kuga, ki je terjala več kot 70.000 življenj. Nekateri bodo morda pomislili, da jih je Bog kaznoval izključno samo zaradi Davidove prevzetnosti, toda v resnici je bil tak popis ljudstva nekaj povsem običajnega in David pri tem ni imel nobenih zlobnih namer, zato ga ne smemo kar tako obsojati. Medtem pa lahko popolni Bog s Svojega stališča odgovarja: „Prevzetnež si in nisi se zanesel Name.“

To je bila ‚sled mesa‘, ki lahko ostaja tudi potem, ko oseba postane posvečena. Bog je Davidu omogočil to preizkušnjo, da bi izkoreninil še to zadnjo meseno sled in dosegel popolnost. Prvotni razlog, zakaj je Bog poslal kugo nad ljudstvo Izraela, pa se skriva v njihovem grešenju, s čimer so si nakopali Božjo jezo.

Ta dogodek je opisan v Drugi Samuelovi knjigi 24:1, ki pravi: „*Spet se je vnel GOSPODOV srd nad Izraelci in spodbodel je Davida proti njim, govoreč: ‚Pojdi, preštej Izraela in Juda!‘*“ Ta odlomek na prvem mestu omenja Božjo jezo nad Izraelom.

David je veliko žaloval za ljudmi, ki so umirali delno tudi zaradi njega. Dodobra je spoznal svoje pomanjkljivosti in jih za vedno odpravil. Na ta način je Bog prečistil Davida in hkrati kaznoval ljudi za njihove grehe. Kazen pa ni doletela tistih pravičnih ljudi, ki so hodili na poti odrešenja. Za kugo so zboleli samo tisti, ki so bili krivični v Božjih očeh.

Čeprav je David šel skozi preizkušnjo, pa torej ni bil Satan tisti, ki bi stal za vso to bolečino in nesrečo. Kasneje je Bog sprejel Davidovo daritev in ustavil kugo. S tem je pokazal, da Davidu še vedno stoji ob strani. Na enak način pa tudi preizkušnje, skozi katere gredo ljudje duha, niso predane v Satanove roke, temveč jih usmerja Bog Sam.

Seveda si Satan kakor rjoveč lev neprenehoma prizadeva, da

bi obtožil tudi tiste posvečene ljudi duha, zato proti njim pogosto hujska ničvredneže. Tako se morda zdi, da se ljudje duha večkrat srečajo z nesrečo, vendar če si ogledamo rezultate, zelo jasno vidimo, da za njihovimi preizkušnjami ne stoji nihče drug kot Bog Sam. Ker pa Bog deluje v dobre vsega, bodo kasneje zagotovo deležni blagoslovov.

V odvisnosti od tega, s čem smo napolnili svoje srce, bomo hitro oziroma počasi vzgojili duhovno srce. Zato se moremo ozreti nazaj na svoje besede in dejanja ter razmišljati, kako pridobiti božje srce in kako bi v določenih situacijah ravnal Jezus. Ko se bomo tako izpopolnili s hrepenenjem po resnici, bomo postali čudoviti sad popolnega duha.

Peta stopnja vere

$$\sim$$

„Ljubi, če pa nas naše srce ne obsoja,

smo z Bogom zaupni in dobimo od Njega,

kar Ga prosimo,

ker se držimo Njegovih zapovedi in delamo,

kar Mu je všeč. "

(1 Janez 3:21-22)

$$\sim$$

Ko se vzpenjate na vse višje stopnje vere, ste deležni čedalje več blagoslovov, ki jih opisuje Sveto pismo. Na četrti stopnji vere ljubite najprej Boga in to do vseh skrajnosti. Bogu ste pripravljeni darovati prav vse. In ker ljubite Boga, se držite vseh Njegovih zapovedi in se Mu pokoravate, tudi kadar ste preganjani.

Kot pravijo Pregovori 8:17: „*Ljubim té, ki me ljubijo, kateri me iščejo, me najdejo,*" kadar ljubite Boga, bo tudi Bog ljubil vas in vam dal vedeti, da vam stoji ob strani.

1. Bogu všečna vera

V kolikor presežete četrto stopnjo in dosežete peto stopnjo vere, se boste srečali s povsem drugo dimenzijo ljubezni. Takrat ne boste samo ljubili in izpolnjevali zapovedi, temveč boste razumeli Božjo voljo in jo uresničevali ter tako ugajali Bogu. Zato pravimo, da je peta stopnja vere tista, na kateri ugajamo Bogu.

Kakšna vera ugaja Bogu?

Večina staršev in otrok živi v medsebojni ljubezni, kljub temu pa otroci pogosto kljubujejo staršem. Na določene besede ubogajo, na druge pa ne. Včasih gredo celo tako daleč, da se staršem uprejo oziroma zaidejo na kriva pota. Medtem pa drugi otroci ubogajo tudi proti svoji volji, saj v sebi čutijo, da je to dolžnost vseh otrok.

Pravičnejši otroci ubogajo svoje starše, saj ne želijo zlomiti njihovih src. V vsem so ustrežljivi, zato da bi imeli starši kar najmanj skrbi.

Če pa je njihova ljubezen do staršev še večja od tega, takrat dobro razumejo tudi namen, ki ga nosijo besede njihovih staršev, zato naredijo še več, kot se od njih pričakuje. Tudi kadar starši pozabijo omeniti kakšno podrobnost, otroci sami naredijo tako kot je staršem najbolj všeč.

Starši seveda ljubijo vse svoje otroke, še posebej pa tiste, ki jim vračajo največ ljubezni in se jim pokoravajo iz srca. Samo predstavljajte si, kako zadovoljni bodo starši z otrokom, ki odseva njihove dobre lastnosti, razume globlji pomen v svojem srcu in se vselej odzove na način, ki je njim najbolj po godu.

In podobno velja za Boga. Kadar Božji otrok izpolnjuje zapovedi iz Svetega pisma, mu Bog vrača z največjo mero ljubezni. Če poleg tega razume srce in voljo Boga ter v svojih dejanjih ugaja Bogu, kako bo šele takrat Bog zadovoljen s tem otrokom?

Ljudje na peti stopnji vere ne delajo dobra dela samo od časa do časa, kot tudi ne izkazujejo svoje ljubezni do Boga le v določenih trenutkih, pač pa živijo vsak trenutek svojega življenja, 24 ur na dan, samo da bi ugajali Bogu in služili dušam, brez da bi kdajkoli pomislili na svoja lastna poželenja. In takšen način življenja se ne spremeni po desetih in niti stotih letih. To je značilnost pete stopnje vere, kjer ljubezen nikoli ne pojenja, pač pa se samo še nadgrajuje.

Če ste ljubili in služili staršem z vsem vašim srcem že preden ste sprejeli Gospoda, boste enako ravnali tudi pri služenju Bogu v veri. Naši starši so rodili samo naša telesa, a jim kljub temu služimo z vsem srcem. Medtem pa je Bog Oče našega duha, in kako ga potem ne bi ljubili, še posebej, če se zavedate, da je za vas žrtvoval Svojega edinega Sina.

Mesena ljubezen ni nikoli popolna, pa naj bo še tako velika. V izrednih okoliščinah je celo minljiva. In ne gre samo za ljubezen med starši in otroci, temveč tudi med brati in sestrami, možmi in ženami, in tudi prijatelji. Osebno sem bil rojen kot zadnji od šestih otrok in bil močno ljubljen s strani staršev. Tudi sam sem zelo ljubil svoje starše in se jim trudil ugajati. Verjel sem, da sem s starši delil več ljubezni kot je delijo drugi otroci in njihovi starši, vendar ko sta se mati in oče znašla v težkih okoliščinah, se je tudi ta ljubezen zamajala.

Ko sem živel z boleznimi, še preden sem pridobil vero v Boga, nisem bil sposoben izpolnjevati svojih dolžnosti kot mož in oče. Bil sem v breme svoji družini in svojcem, saj smo trošili veliko denarja za moja zdravila. Tudi svoje vloge, da bi bil dober sin mojima staršema, nisem mogel izpolniti. Bolezni so samo še napredovale in kmalu sem izgubil še zadnje upanje po okrevanju. In takrat so mi prijatelji, svojci in vsi bližnji začeli obračati hrbet.

Starša sta dala vse od sebe, da bi mi pomagala do zdravja, a sta naposled prav tako obupala nad menoj. Ležal sem na smrtni postelji, ko me je obiskala moja mati. Ob njenih solzah in moledovanju, da moram kot njen sin po dolžnosti umreti, sem dodobra spoznal pravo vrednost mesene ljubezni.

Toda Božja ljubezen je bila povsem drugačna. Ničesar Mu nisem imel za darovati, a me Je kljub temu brezpogojno ljubil. Prišel Je k meni in ozdravil vse moje bolezni. Njegova ljubezen je ves čas ostajala neomajna. Tudi v trenutkih največjega obupa me je vselej uslišal, ko sem klical k Njemu. Dal mi Je samo dobre darove in Je prišel, ko sem Ga iskal.

Starše sem ljubil z vsem svojim srcem, kakor tudi Boga Očeta, vse odkar sem Ga srečal. Ljubil sem Ga z vsem srcem, umom, dušo, strastjo, modrostjo in z življenjem samim. Marljivo sem poslušal in preučeval Božje besede, da bi lahko v vsem ugajal Bogu. Po svojih najboljših močeh sem se trudil izpolnjevati Njegovo besedo, zato da bi lahko že kmalu po sprejetju Gospoda osvojil četrto in kasneje tudi peto stopnjo vere.

2. Značilnosti pete stopnje vere

Ljubezen, ki jo na peti stopnji vere delite z Bogom, se ne da zadostno opisati z besedami. Deležni ste obilo duhovnih in materialnih blagoslovov, zato ste nadvse srečni. Še največji razlog za vašo srečo pa je ta, da lahko vedno komunicirate z Bogom in z Njim delite globoko ljubezen. Posvetni ljudje si želijo, da bi srečni trenutki trajali večno, toda radost in čustva hitro minejo, pa naj bodo še tako prijetna. Medtem pa so srca tistih, ki so prešli v popolnega duha, ves čas bolj polna srče in radosti, kot si znate predstavljati na tem svetu.

Kadar so sami, kadar hodijo, srečujejo druge ljudi, in kadar kaj vidijo ali slišijo, so njihova srca vselej polna ljubezni do Očeta, in v vsem čutijo Njegovo ljubezen. Bog jih ljubi tako močno, da Mu je že sama njihova prisotnost v veliko veselje. Naj spite ali ste budni, sedite ali stojite, karkoli že počnete ali govorite, vse bo dragoceno v Božjih očeh in vso to vaše početje bo izvor Njegove sreče. Vse vaše misli in dejanja bodo ugajala Bogu, in vse, kar je vašega, Mu bo v veliko radost. Bog je namreč ustvaril človeka ravno zato, da bi pridobil takšne otroke.

Ko smo pripravljeni dati življenje v svoji poslušnosti do Božje volje

Peta stopnja vere je vera za ugajanje Bogu, kjer razumete globoko Božje srce in se ravnate v skladu z Njegovo voljo. Tudi kadar vam Bog zapove narediti nekaj, česar človek ni sposoben, boste sledili Božji volji in odgovarjali samo z ,da' in ,amen', četudi to zajema žrtvovanje vašega življenja. Seveda lahko daste svoje življenje za Boga tudi na četrti stopnji, vendar takrat ne razumete Božjega srca tako globoko kot ljudje na peti stopnji vere.

Pomislimo na primer, kjer mati naroči svojim otrokom pospraviti hišo, medtem ko se sama odpravi na delo. Otroci se bodo različno odzvali. Nekateri se bodo želeli igrati, zato bodo nejevoljno pospravili hišo. Drugi bodo z radostnim srcem ustregli svoji ljubljeni materi.

Najpravičnejši med njimi pa bodo upoštevali celo materino stališče, razmišljajoč: „Gotovo se bo vsa utrujena vrnila z dela. Kako bi ji lahko še dodatno pomagal?" Zato ne bodo zgolj pospravili hiše, temveč bodo poskrbeli še za druga hišna opravila. Starši ob pogledu na takšne otroke čutijo veliko ljubezni in hvaležnosti, zato jih pogosto hvalijo in so veseli njihove bližine.

Podobno velja za odnos z Bogom. Na četrti stopnji vere močno ljubite Boga in vaše srce je brez hudobije, zato izpolnjujete vse Njegove zapovedi. Toda vaše srce še vedno ni dovolj zrelo, da bi razumeli globoko Božje srce in Mu sledili. Prav nasprotno pa velja za peto stopnjo, kjer ne samo ubogate, pač pa tudi razumete srce in voljo Boga pri vsaki Njegovi zapovedi, zato ste pripravljeni postoriti še več, kot Bog od vas pričakuje.

Jezus je brezmadežni Božji Sin, ki Mu ni bilo treba sprejeti križa. Vendar Jezus je kljub temu izpolnil Božjo voljo in bil križan. Tega pa ni storil zgolj zaradi Svoje velike ljubezni do Boga.

Jezus ni zgolj ubogal z dejanji, ampak je razumel srce in voljo Boga Očeta, saj je tudi Sam nosil Božje srce. Čutil je globoko Očetovo ljubezen do umirajočih duš, zato je tudi Sam delil to isto ljubezen in z vsem Svojim življenjem izpolnjeval Njegovo voljo.

Tudi ko je na križu prestajal neznosno bolečino, Jezus niti za trenutek ni pomislil na Svojo težko situacijo. Sočustvoval je z dušami, ki so skrenile na pot pogube, in molil za tiste, ki so Ga križali.

Jezus je pomislil tudi na Očeta, kateremu se bo zlomilo srce zaradi Njegovega trpljenja. Ravno zato se je Jezus vse do Svojega zadnjega diha na križu zahvaljeval za številne duše, ki bodo rešene, ter za slavo, ki jo bo prejel Oče. Kako ganjeno je moralo biti Božje srce ob pogledu na Jezusa!

Pismo Filipljanom 2:9-11 pravi: „*Zato Ga je Bog povzdignil nad vse in Mu podaril ime, ki je nad vsakim imenom, da se v Jezusovem imenu pripogne vsako koleno bitij v nebesih, na zemlji in pod zemljo in da vsak jezik izpove, da je Jezus Kristus*

Gospod, v slavo Boga Očeta. "

Bog Oče si želi, da bi vsi poznali Njegovo srce in mu v popolnosti sledili. Toda tovrstne poslušnosti ne moremo doseči s poželenjem samim. Kot je zapisano v pismu Filipljanom 2:5: *„ To mislite v sebi, kar je tudi v Kristusu Jezusu, "* smo lahko popolnoma poslušni šele takrat, ko izražamo Jezusovo ljubezen in pravičnost.

Ko smo v celoti napolnjeni s sadovi Duha

Peta stopnje vere predstavlja stanje, kjer je čista posoda v celoti napolnjena s popolnimi sadovi duha. Na četrti stopnji ste odpravili grehe in hudobijo ter tako očistili svojo posodo, zato ste poslušni na besedo Boga Očeta. Še vedno pa lahko razumete Božje srce samo do te mere, do katere ste v sebi obrodili duhovne sadove.

Vzemimo primer človeka duha, ki je obrodil skoraj 100 % sadu ,zvestobe', a le 40 % sadu ,samoobvladanja'. Tak človek bo znal izpolniti Božjo zapoved in ugajati Njegovemu srcu, saj bo marljivo garal in naredil še več, kot se je od njega pričakovalo. Toda ko gre za samoobvladanje, bo razumel zgolj 40 % Božjega srca, kajti 40 % je tisti delež, ki ga je osvojil v samoobvladanju.

Do te mere ne bo mogel ugajati Bogu, kajti šele ko osvojite peto stopnjo vere in obrodite 100 % vseh duhovnih sadov, lahko razumete in poznate globoko Božje srce in ste popolnoma poslušni.

Za lažje razumevanje pridobitve duhovnih sadov si predstavljajte zorenje grozdja. Najprej se na mestu, kjer je odpadel pecelj, pojavi majhno zrno, ki je pokazatelj, da se bo tam rodila grozdna jagoda. To je primerljivo s tretjo stopnjo vere.

V tolikšni meri, kot verniki odpravijo grehe iz svojih src, bodo kazali začetne znake, da bodo obrodili sadove Svetega Duha, čeravno bodo ti zelo majhni. V nadaljevanju poletja bodo grozdne jagode dozorele in pridobile temno vijoličasto barvo.

Vendar če imamo 100 groznih jagod, ne bodo vse enakomerno zorele, zato jih bodo krasile različne barve in velikost. Tudi tiste na skupnih vejah se bodo različno hitro razvijale.

Nekatere bodo izražale več zelenih odtenkov, medtem ko bodo druge temno vijoličaste in odebeljene. In ravno tako kadar ljudje obrodimo enake sadove Svetega Duha, so nekateri sadovi bolj zreli kot drugi. To je četrta stopnje vere. Morda je sad ljubezni lepo dozorel, medtem ko je sad samoobvladanja še nekoliko zelen, ali pa je morda sad zvestobe zrelejši od sadu nežnosti.

Sčasoma, potem ko je premagal nevihte in prejel več sončne svetlobe, bo grozd poln lepo dozorelih in bogatih vijoličastih sadov. In na enak način, kadar obrodite 100 % vseh sadov Svetega Duha, lahko končno stopite na peto stopnjo vere. Ti ljudje v vseh pogledih živijo v popolni harmoniji.

Na peti stopnji gojite gorečo strast do Gospoda, hkrati pa vas krasi odlično samoobvladanje pri vaših dejanjih. Nežni ste in krotki kakor bombaž, poleg tega pa imate tudi veliko oblast. V svoji ljubezni neprenehoma delate v dobro drugim in ste pripravljeni dati tudi svoje življenje, pri tem pa sledite izključno samo Božji pravičnosti.

Nikoli se ne ozirate na človeške misli, pač pa ves čas poslušate in ste deležni vodstva Svetega duha. Zelo jasno prepoznate Božjo voljo in jo izpolnjujete. V vseh pogledih ste podobni Bogu Očetu, saj sodite med tiste resnično prave Božje otroke, ki so se izpopolnili do mere doraslosti Kristusove polnosti.

Ko razumemo globoko Božje srce, kakor ga je razumel Abraham

Pa si oglejmo razliko med četrto in peto stopnjo na Abrahamovem primeru. Abraham je od trenutka, ko ga je Bog prvič poklical, na vse odgovarjal z ‚da' in ‚amen'. Ko mu je Bog zapovedal oditi iz njegove rodne dežele v deželo, ki mu jo bo Bog pokazal, je Abraham brez oklevanja odšel, kakor mu je bilo naročeno.

Abraham je zaupal Bogu in ubogal iz svojega srca, kar pa še ne pomeni, da je razumel Božje srce. Ko je zapustil svojo deželo in šel skozi obdobje prečiščevanja, je pridobil intimno občestvo z Bogom in šele takrat je jasneje razumel srce in voljo Boga. Tako je znal s popolnimi dcli vere ugajati Bogu tudi takrat, ko se je znašel pred veliko, za človeka izredno težko premagljivo preizkušnjo.

Preizkušnja je od njega zahtevala, da mora darovati svojega edinega sina Izaka v žgalno daritev. Če bi se zanašal na mesene misli, nikakor ne bi mogel izpolniti te zapovedi. Abraham in Sara sta bila dolgo časa brez otrok in šele pri Abrahamovih stotih letih se jima je rodil sin Izak. Abraham je nanj gledal kot na izredno dragocenega sina, toda zdaj se je znašel v položaju, ko ga je moral zaklati kakor žival ter ga sežgati.

Poleg tega je bil Izak otrok Božje obljube po številnem potomstvu. Tudi če imate vero, bi vas na njegovem mestu večina pomislila: „Ne morem z lastnimi rokami ubiti svojega sina.“ Morda bi vas obšli tudi dvomi, pri sebi misleč: „Bog mi je obljubil, da bom imel veliko potomcev po Izaku, vendar zakaj zdaj od mene zahteva, da ga ubijem?“

Toda Abraham je prestal preizkušnjo in stopil na peto stopnjo vere. Preprosto je ubogal Boga, brez da bi se oziral na svoje lastne misli. Iskal ni nobenih izgovorov. Niti za trenutek ni podvomil v Božjo obljubo, da bo preko Izaka pridobil toliko potomcev, kot je zvezd na nebu. Kadar zaupamo Bogu, Ga bomo brezpogojno ubogali.

Abraham pa ni ubogal samo zaradi svoje ljubezni do Boga, temveč tudi zato, ker je razumel globoko Božje srce. Zavedal se je dejstva, da če bo daroval Izaka kot žgalno daritev, ga bo Bog v Svoji previdnosti kasneje obudil.

S tem dejanjem je Abraham dokazal svojo vero in Bog je bil tako zadovoljen z njim, da ga je imenoval celo za svojega ‚prijatelja‘. Abraham je razumel globoko srce Boga in bil v svoji poslušnosti Božji besedi pripravljen dati tudi svoje življenje, zato je postal oče vere in ‚Božji prijatelj‘.

Resnični prijatelj je nekdo, kateremu lahko izlijete svoje srce. Med takšnimi prijatelji ni nobenih skrivnosti in uživajo v medsebojni družbi. In če si prislužimo priznanje kot Božji prijatelj, nas bo Bog kot takšnega tudi obravnaval. Uslišal Bo vse naše molitve ter nas vedno in povsod blagoslavljal.

Z nenehno molitvijo do delovanja z znamenji in čudeži

Druga značilnost pete stopnje vere je ta, da je posameznik sposoben delati znamenja in čudeže, potem ko je zbral dovolj veliko mero molitve. Molitev je dih našega duha in moliti mora vsak, ki je sprejel Gospoda.

Toda na prvi in drugi stopnji vere molite predvsem zase. Običajno tako prosite za blagoslove na deloven mestu, v družini, na finančnem področju in občasno za vašo bolezen, vendar tudi v teh primerih ne uspete moliti dlje časa. Ko pa vaša vera raste, čedalje bolj pogosto molite za kraljestvo Božje pravičnosti in vaše molitve so vse daljše.

Na četrti stopnji vere vam ni treba moliti za vaše posvečenje, kajti na tej točki ste že uspešno odpravili grehe in hudobijo iz vašega srca. Medtem pa na peti stopnji Bog ustreže poželenjem vašega srca še preden za karkoli prosite, pa naj bo to povezano s financami, zdravjem ali česarkoli drugim. Tako vam ni treba moliti za svoje osebne stvari, ampak lahko ves čas molite za odrešenje drugih duš in za Božje kraljestvo.

Na peti stopnji vam nič ne manjka, saj uživate številne božje blagoslove, neskončno ljubite Boga in vaše srce gori za umirajoče duše. Nikoli ne iščete svoje koristi, pač pa se v celoti posvečate tem dušam in zanje molite.

Ko molite za Božje kraljestvo, se vam pri tem poraja občutek, da bi morali prejeti duhovno moč. Prvo pismo Korinčanom 4:20 pravi: „Božje kraljestvo namreč ni v besedi, temveč v moči.“

Iskanje Božjega kraljestva pomeni duhovno bitko proti zlim duhovom, ki si prizadevajo speljati duše na pot smrti. Toda te bitke ni moč dobiti s človekovo modrostjo, izkušnjami ali močjo, temveč samo z Božjo močjo.

Janez 4:48 pravi: „*Jezus mu je tedaj dejal: ‚Če ne vidite znamenj in čudežev, ne verujete.‘*“ Znamenja se tukaj nanašajo na manifestacijo Božje moči, ki je veliko nad človeškimi zmožnostmi.

V Svetem pismu beremo o številnih znamenjih, kot je obujanje mrtvih ter zdravljenje bolezni in slabosti z Božjo močjo. Po drugi strani pa čudeži zajemajo spreminjanje vremenskih pogojev. Denimo, kadar nekdo skozi molitev prikliče dež ali točo, prežene nevihto ali celo ustavi gibanje sonca in lune.

Ko ljudje vidijo ta znamenja in čudeže, oziroma ko vidijo dokaze o živem Bogu, veliko nevernikov spremeni svoje poglede in sprejme Gospoda. In ravno zato ob vstopu na četrto in peto stopnjo tako marljivo molite za večjo Božjo moč.

Toda najprej potrebujete posvečeno srce, napolnjeno z veliko mero molitve pod navdihom Svetega Duha, kajti takšne molitve ugajajo Bogu. Na prvi in drugi stopnji vere, ko še niste posvečeni, je namreč aroma vaše molitve zelo šibka, četudi molite na vso moč. Po drugi strani pa molitev, ki jo darujete na peti stopnji vere, oddaja močno in čudovito aromo.

Poleg tega na peti stopnji molite s srcem Gospoda, zato je vaša molitev polna dobrote in dobrohotnosti. Celotna vsebina vaše molitve predstavlja Bogu všečno aromo in bo stresla Božji prestol. In ko boste iz dneva v dan zbrali dovolj tovrstne molitve, takrat boste končno prejeli Božjo moč.

Moč, oblast in oblastna moč

Četudi posameznik ni posvečen, v kolikor ljubi Boga in druge duše ter si nabere dovolj gorečih molitev, bo lahko prejel darove Svetega duha, kot je na primer dar ozdravljanja ali delanja čudežev. In tudi kadar ni prejel daru Svetega Duha, če bo goreče in z ljubeznijo molil za nekoga drugega, bo Bog morda izkazal usmiljenje in uslišal njegovo molitev.

Na primer, tudi kadar pastor ne poseduje Božje moči, bo občasno kak član njegove cerkve prosil za njegovo molitev. Takrat bo Bog upošteval pastorjevo čisto srce in zanj deloval. Toda ti primeri se razlikujejo od delanja znamenj in čudežev s strani posameznika, ki sam poseduje polno Božjo moč.

Določeno mero Božje moči lahko pridobite že na četrti stopnji vere, če si le naberete dovolj veliko število molitev, polno Božjo moč pa boste prejeli šele na peti stopnji vere in šele takrat boste sposobni delati znamenja in čudeže. In ne boste zdravili samo bolezni, temveč tudi telesne slabosti oziroma invalidnosti.

Sveto pismo razlikuje med Božjo močjo in darom ozdravljanja. Z darom ozdravljanja lahko zdravimo bolezni, ki jih povzročajo mikrobi ali virusi, ne moremo pa zdraviti slabosti, kot sta duševna in fizična prizadetost. Prav tako ne moremo izganjati demonov. Slabosti lahko zdravimo samo z Božjo močjo. V Svetem pismu najdemo zraven besede ‚moč‘ tudi besedo ‚oblast‘. Na prvi pogled se njun pomen zdi enak, a v resnici med njima obstaja razlika.

Kot prvo je moč nekaj, s čimer razpolaga samo Bog. Pri ljudeh je to nemogoče, ne pa pri Bogu, kajti pri Bogu je vse mogoče (Marko 10:27). S to močjo lahko zdravimo bolezni in slabosti, kot tudi obujamo mrtve in izganjamo demone.

V kolikor posedujete dar ozdravljanja, lahko zdravite bolezni, ki jih povzročajo mikrobi ali virusi, ne morete pa zdraviti slepote, nemosti ali ohromelosti. Za to potrebujete moč, ki jo lahko kot darilo Svetega Duha prejmete že preden odpravite vso hudobijo iz vašega srca, če le strastno ljubite Boga in druge duše ter veliko molite. Toda ta moč ni popolna moč, zato se bodo Božja dela vršila le v določeni meri. Prav tako, kadar prejemnik moči postane prevzeten ali neodločen, mu bo moč nemudoma odvzeta.

Na četrti stopnji vere pa je ponovne vse drugače, saj ste takrat že dosegli posvečenje in zato ne boste postali prevzetni ali neodločni. Podarjena moč vam tako ne bo nikoli odvzeta in ko boste zbrali večje število molitev ter odsevali vse večjo podobnost Bogu, vas bo Bog nagradil z duhovno oblastjo, ki vam bo pomagala delovati s polno Božjo močjo.

Duhovna oblast je veličasten in mogočen dar, ki izvira in se daje od Boga. Gre za veličastno oblast, ki pripada Bogu Stvarniku in se daje človeku. Pismo Rimljanom 13:1 pravi: *„Vsak naj se podreja oblastem, ki so nad njim. Ni je namreč oblasti, ki ne bi bila od Boga. In te, ki so, so postavljene od Boga."*

Ko je Pilat zasliševal Jezusa, mu je Jezus odgovoril: „Nobene oblasti bi ne imel nad menoj, če bi ti ne bilo dano od zgoraj (od Boga)." Samo Bog je tisti, ki ima oblast nad vsem v nebesih in na zemlji, nad življenjem, smrtjo, srečo in nesrečo. Niti en sam vrabec ne bo padel na tla brez volje našega nebeškega Očeta. Dokler si boste zapomnilo to dejstvo, se ne boste nikoli zatekali k človeškim metodam, temveč boste vedno, tudi med preizkušnjami, iskali rešitev pri Bogu.

In ta duhovna oblast je neposredno povezana s posvečenostjo.

Oseba, ki ni posvečena, namreč ne more nikoli prejeti duhovne oblasti. Če daste otroku oster meč, bo ta lahko resno poškodoval sebe ali druge ljudi. In ravno tako se tudi duhovna oblast daje samo tistim, ki so vsaj na četrti stopnji vere, so brez hudobije, čisti in velikodušni ter pripravljeni dati lastno življenje za svoje brate.

Če prejmete moč in hkrati tudi duhovno oblast, takrat boste lahko delovali z ‚oblastno močjo‘, ki jo običajno imenujemo kar ‚moč‘. Luke 4:36 pravi: „ *Vsi so osupnili in govorili med seboj:* ‚*Kakšna je ta beseda! Saj z oblastjo in močjo ukazuje nečistim duhovom in odhajajo.*‘“ Jezusova dela torej niso bila zgolj dela moči, temveč tudi oblasti.

Dela moči in oblasti pa včasih obkrožajo tudi posameznike, ki še niso dosegli pete stopnje vere. En tak primer je bil, ko je Jezus položil Svoje roke na učence in jim tako podelil Svojo moč. Jezusova moč se je po Njegovi volji za trenutek prenesla na Njegove učence in zvrstilo se je veliko mogočnih del.

Ko na splošno govorimo o ‚moči‘, ta vključuje vsa duhovna dela, kot je izganjanje demonov, zdravljenje bolezni in obujanje mrtvih. Če smo bolj natančni, pa se moč, oblast in oblastna moč med seboj močno razlikujejo.

Kakšna je potem razlika med močjo in oblastno močjo?

Na primer, med starši in otroci, četudi je sin zelo sposoben in inteligenten, se od njega še vedno pričakuje, da bo ubogal svojega očeta. Samovoljno se mora podvreči očetovi oblasti. Prav tako so morali uradniki v starih časih ubogati kraljevega kurirja, ki je prinašal sporočila od kralja. Čeprav je uradnik zasedal višji položaj, se je moral podrediti kurirju in ga ubogati.

Od tod sledi, da kadar vsemogočni Bog nekomu podeli Svojo duhovno moč, se mu morajo pokoravati vsa bitja in tudi zli duhovi.

Duhovna oblast pripada Bogu, zato kadar imate moč in hkrati prejmete tudi Njegovo oblast, se bodo pred vami uklonili vsi zli duhovi, bolezni, mikrobi in celo neživi organizmi. Kakor Jezus boste tudi vi posedovali moč in oblast za zapovedovanje vetru in morju, dežju in oblakom. Imeli boste vpliv nad vremenom in naravnimi pojavi.

To oblastno moč pa lahko prejmejo samo tisti, ki so posvečeni in imajo kakor zlato čisto vero. In celo znotraj pete stopnje vere imajo tisti pri vrhu večjo mero te moči. Ti posamezniki bodo delali velika znamenja.

Znamenja, ki spremljajo vernike

Marko 16:17-18 pravi: „*Tiste pa, ki bodo sprejeli vero, bodo spremljala ta znamenja: v Mojem imenu bodo izganjali demone, govorili nove jezike, z rokami dvigali kače, in če bodo kaj strupenega izpili, jim ne bo škodovalo. Na bolnike bodo polagali roke in ti bodo ozdraveli.*" Z Božjo močjo se sicer razodeva še veliko drugih del, vendar pa zgornji odlomek omenja samo pet primerov. No, pa si oglejmo duhovni pomen vsakega od teh petih znamenj.

Prvo znamenje je izganjanje demonov v imenu Jezusa Kristusa.

Danes mnogi ne verjamejo v obstoj demonov, toda Sveto

pismo nas jasno opozarja na njihov obstoj. Jezus je ozdravil od demona obsedenega človeka in tudi Njegovi učenci so izganjali demone. Še danes se nekateri ljudje borijo z zli duhovi, ki jih seveda ni mogoče ozdraviti po medicinski poti.

Dokler živite po Božji besedi, imate oblast nad zli duhovi in jih lahko preženete. Če stopite na peto stopnjo vere in bivate v luči, ne boste več samo izganjali duhove v imenu Gospoda, temveč boste oznanjali evangelij in skrbeli za druge duše, tako da jim sovražnik hudič in Satan ne bo mogel škodovati. Ti ljudje bodo skozi vašo besedo veliko lažje odprli svoj um in prejeli Božjo milost, hkrati pa bodo prejeli tudi moč, da bodo lahko odpravili krivico iz svojega srca ter se ravnali po Besedi.

Zapovedovanje na peti stopnji vere pa še ne pomeni nujno, da se bodo demoni brezpogojni umaknili. Nekateri ljudje oziroma njihovi družinski člani na primer častijo malike in so skozi čas nakopičili toliko hudobije, da več ne poznajo resnice in so ostali povsem brez vere.

Ko so ti ljudje obsedeni z demonom, morajo najprej podreti zid greha, ki so ga zgradili. Kadar z demonom obsedeni človek nima lastne zavesti in se posledično ne more pokesati, morajo njegovi družinski člani voditi zgledno življenje v veri in v njegovem imenu prositi za Božjo milost. Če bodo hodili v luči in se na vso moč trudili izpolnjevati Božjo besedo, se bo naposled tema umaknila in z njo bodo odšli tudi demoni.

Potem pa je tukaj še drug primer, in sicer kadar vernik močno razočara Boga, tako da se predaja grehom, ki jih ni moč odpustiti (1 Janez 5:16).

Neodpustljivi grehi vključujejo preklinjanje in delovanje

zoper Svetega duha, prostovoljno grešenje v luči poznavanja resnice, ter zapustitev oziroma ponovno križanje Gospoda, potem ko ste že spoznali Besedo in Božjo moč.

Predvsem kadar verniki vidijo znamenja in čudeže, ki se razodevajo skozi Svetega Duha, in jih obsojajo za Satanova dela ali herezijo, se bo Bog obrnil proč od njih in takrat jih bo doletela nesreča oziroma jih bo obsedel demon.

Enake posledice bodo sledile tudi, kadar se kot vernik predajate očitnim delom mesa in se spogledujete s posvetnim svetom. Četudi bo kak mogočen Božji služabnik molil za vas, vaše težave ne bodo izginile, dokler ne podrete svojega zidu greha. Le v posebnih primerih, ko zapoveduje človek, ki je od Gospoda prejel moč, se bodo demoni umaknili s strahom in trepetom.

Drugo znamenje, ki spremlja vernike, je govorjenje novih jezikov.

Prvo pismo Korinčanom 14:15 pravi: „*Kaj bom torej storil? Molil bom v duhu, molil pa tudi z umom. Prepeval bom v duhu, a prepeval tudi z umom.*" Moliti z umom pomeni prositi za tisto, po čemer hrepenimo v našem srcu, moliti v duhu pa pomeni moliti v drugih jezikih.

Govorjenje v drugih jezikih se daje kot dar, kadar molimo v polnosti Svetega Duha. Ko molimo v drugem jeziku, ne razumemo vsebine molitve, tako kot je ne razume tudi sovražnik hudič in Satan. Šele ko tisti, ki moli, prejme polnost Svetega Duha, bo v določeni meri razumel vsebino svoje molitve, še posebej kadar prejme dar tolmačenja drugih jezikov.

Med številnimi darovi Svetega Duha je ravno dar govorjenja v jezikih tisti, ki ga Bog želi podariti vsem vernikom. Ta dar namreč prinaša večjo moč pri molitvi, zato ga še posebej potrebujejo novi verniki. Kadar goreče molite v jezikih, boste po navdihu Svetega Duha peli tudi hvalnice, prav tako v jezikih.

Ob še globljem navdihu Svetega Duha boste morda celo zaplesali. Tudi če sicer ne znate plesati ali peti, bo vam šlo čudovito od rok, kadar to počnete v navdihu Svetega Duha.

Vzemimo primer, ko vas želi nek razbojnik zabosti. Če boste v tistem trenutku molili v novih jezikih, se bo tema nemudoma umaknila. Sovražnik hudič in Satan je namreč tisti, ki nagovarja ljudi k zlobnim dejanjem, zato si bo z umikom teme razbojnik nenadoma premislil in zbežal proč, ali pa bo celo odrevenel po celem telesu. Če torej vedno molite v novih jezikih, vam sovražnik hudič in Satan ne bo mogel do živega in tako boste vedno in povsod uspešni.

Tretje znamenje, ki spremlja vernike, je dvigovanje kač.

Kače se tukaj ne nanašajo na tiste kače, ki se plazijo po tleh, pač pa ta beseda vsebuje duhovni pomen. Kakor pravi prvi del Razodetja 12:9: „ *Veliki zmaj, stara kača, ki se imenuje Hudič in Satan in ki zapeljuje vesoljni svet,* “ se ‚kača‘ nanaša na sovražnika hudiča in Satana.

Dvigovanje kač potemtakem pomeni, da imajo ti verniki oblast za uničenje Satanove shodnice. Razodetje 2:9 pravi: „ *ter za obrekovanje tistih, ki se razglašajo za Jude, pa to niso, marveč so Satanova shodnica.* “ Razodetje 3:9 pa dodaja: „ *Glej, iz Satanove shodnice ti podarjam nekatere izmed tistih, ki se razglašajo za Jude, pa niso, ampak lažejo. Glej, poskrbel Bom, da pridejo in padejo pred tvoje noge ter spoznajo, da Sem te vzljubil.*" ‚Satanova shodnica' predstavlja skupino ljudi, ki mislijo, da pripadajo Bogu, a v resnici napadajo Božja dela, ker ta nasprotujejo njihovim prepričanjem in željam.

Tak primer je, kadar se dve ali več oseb zbere v cerkvi in se začnejo pritoževati, obsojati in odtujevati določene posameznike, kar privede do razkola med verniki. No, seveda je v cerkvi včasih potrebno podati konstruktivne predloge, da bi z dobrimi nameni in z ljubeznijo do Boga nekaj dosegli.

Toda nasprotovanje pastorju in ločevanje bratov v veri, tako da ravnamo v nasprotju s cerkveno politiko in iščemo lastne koristi, to pa je zagotovo delo Satana. Ko se v cerkvi izoblikuje takšna Satanova shodnica, se bo ljubezen ohladila in Božja dela se bodo ustavila. Vendar če je eden od članov te cerkve osvojil peto stopnjo vere, bo ta uvidel Satanovo shodnico in jo z oblastjo v svoji besedi tudi uničil.

Četrto znamenje, ki spremlja vernike, je to, da če bodo kaj strupenega izpili, jim to ne bo škodovalo.

V Apostolskih delih 28:1-6 apostola Pavla piči strupena kača. Mnogi, ki so bili priča temu dogodku, so pričakovali, da se bo hipoma zgrudil mrtev, vendar se mu ni zgodilo nič hudega. Od presenečenja so spremenili svoje mnenje in ga označili za boga.

Prav tako boste tudi vi obvarovani pred vsem hudim, tudi pred pitjem smrtonosnega strupa, če boste dosegli stopnjo popolne vere. Bog vas bo obvaroval tudi, če se boste nadihali strupenega plina. V primeru okužbe z mikrobi ali virusi bo Bog te organizme nemudoma ožgal z ognjem Svetega duha.

Seveda pa kadar nekdo, ki poseduje veliko moči, namerno spije strup, da bi preizkušal Boga, takrat ga Bog ne bo obvaroval. Matej 4:7 pravi: *„Jezus mu je odgovoril: ,Pisano je tudi: Ne preizkušaj Gospoda, svojega Boga!'"*

Peto znamenje, ki spremlja vernike, se kaže v tem, da bolni ozdravijo, ko ti verniki nanje položijo svoje roke.

V kolikor dosežete peto stopnjo vere in prejmete moč, boste obvarovani pred vsemi boleznimi, obenem pa boste imeli moč zdravljenja drugih ljudi. Toda enako, kot velja v primeru molitve za izganjanja demona, tudi kadar mogočen človek položi svoje roke, včasih bolezen ne mine. Temu je tako, kadar oseba, za katero molimo, nima nič vere oziroma ima velik zid greha pred Bogom.

V naši cerkvi vsak teden molim za številne ljudi in mnogi od njih ozdravijo. Njihova bolezen ne izgine le v primeru, kadar so brez vere in imajo pričakovanja, da bodo ozdraveli s pomočjo sreče. Da bi prejeli molitev, morate najprej poslušati Božjo besedo, se pokesati grehov ter imeti vero in hrepenenje po ozdravljenju.

So pa tudi primeri, ko Bog pogleda v posameznikovo notranje srce in človeka ozdravi, četudi je ta povsem brez vere. Kljub temu pa vedite, da morate načeloma najprej poslušati Božjo besedo, se pokesati in pripraviti svojo posodo na prejetje odgovora.

Marko 16:20 pravi: *„Oni pa so šli in povsod oznanjali in Gospod je z njimi sodeloval ter besedo potrjeval z znamenji, ki* *so jih spremljala.* " Ne samo Jezus, tudi Njegovi učenci so z znamenji potrjevali resničnost Besede, medtem ko so oznanjali evangelij. Tovrstni dokazi so ljudi privedli do spreobrnjenja. Odprli so svoja srca in tako je bilo rešenih nešteto duš.

Ko smo zvesti v vsej Božji hiši

Tretja značilnost pete stopnje vere je ta, da smo zvesti v vsej Božji hiši. V Numerih 12:3 piše: *„Mož Mojzes pa je bil zelo ponižen mož, bolj kot vsi ljudje na površju zemlje."* 7. vrstica pa dodaja: *„Ni pa tako z mojim služabnikom Mojzesom; temu sem zaupal vso svojo hišo."* Mojzes je bil na peti stopnji vere, torej na stopnji, ki ugaja Bogu.

Zvestoba v duhovnem smislu pomeni, da postorimo več, kot se od nas pričakuje. Denimo kadar nekoga najamete in plačate za določeno delo. Če bo ta naredil, kar ste od njega pričakovali, ga ne boste označili za predanega ali zvestega, saj je vendar opravil zgolj to, za kar je bil plačan. Če pa bo v delo vložil tudi svoj čas, denar in energijo, takrat lahko rečemo, da je izkazal predanost oziroma ,zvestobo'.

Vsak, ki je osvojil četrto stopnjo vere, se smatra za duhovno zvesto osebo. Tisti, ki so stopili na četrto stopnjo in dosegli posvečenje, prav tako obrodijo sadove Svetega Duha, med katerimi je tudi sad zvestobe. Da pa bi zvestoba postala ,zvestoba v vsej Božji hiši', je potrebno osvojiti peto stopnjo vere in obroditi 100 % vseh sadov Svetega Duha.

Dokler ne obrodite zvestobe, se morate žrtvovati in predano služiti drugim ljudem, za kar pa potrebujete veliko duhovne ljubezni. Prav tako, če vam primanjkuje sadu samoobvladanja, boste morda zvesti na enem področju, veliko manj pa na drugih področjih.

Brez popolnega sadu ‚miru' lahko pride do določenih napetosti med vami in drugimi ljudmi, četudi ves čas zvesto služite Bogu. Zvestoba brez miru je namreč nepopolna v Božjih očeh, zato morate v popolnosti obroditi vse sadove Svetega Duha, saj ste samo tako lahko duhovno zvesti v vsej Božji hiši.

Toda kaj točno pomeni biti zvest v vsej Božji hiši? V vašem krščanskem življenju imate številne dolžnosti do Gospoda in biti zvest pomeni, da jih v celoti izpolnjujete in naredite več, kot se od vas pričakuje. Zvesto morate izpolnjevati vse dolžnosti in biti z vsem srcem predani do vseh del, ki so vam bila kot Božjemu služabniku zaupana. To pomeni biti zvest v vsej Božji hiši.

Nekatere dolžnosti se zdijo pomembnejše od drugih in boste zanje poželi več priznanja s strani drugih ljudi. Toda če ste prešli v popolnega duha, boste vse dolžnosti smatrali kot nekaj izjemno dragocenega, pa naj se zdijo majhne ali velike v človekovih očeh. Vse dolžnosti boste opravljali z vsem srcem, razumom in močjo.

Kot oseba popolnega duha boste obrodili sadove in bili v vsem zvesti, ne glede na to, koliko dolžnosti vam je bilo zaupanih. To pa zato, ker ste vzgojili srce Očeta, ki je popoln, oziroma ste oblikovali svoje srce po srcu Kristusa.

Bog v Svojem srcu hrani celotno človeško zgodovino in življenja neskončnega števila ljudi. Seveda tudi tisti na peti stopnji vere nikakor niste enaki Bogu, a ker odsevate značilnosti Boga, ki je duh, lahko ravno tako hranite številne duše v vašem srcu.

Poleg tega ste v svoji ljubezni pripravljeni dati življenje za

Božje kraljestvo in za duše, ki so vam bile zaupane. Ko tako skrbite in z ljubeznijo molite za druge duše, vam bodo kmalu zaupana številna Božja dela.

Seveda pa prevzemanje vseh del in razširitev srca še ne pomeni, da morate vsakemu delu nameniti enako pozornosti in vsemu dajati visoko prednost. Določena dela so seveda bolj nujna kot druga, zato zahtevajo več vaše pozornosti in vložene energije.

Kljub vsemu pa tisti, ki so zvesti v vsej Božji hiši, nobene naloge ne jemljejo zlahka in predano skrbijo za vse duše. Ne glede na to, koliko časa namenite določenemu delu, se vedno trudite po najboljših močeh ter ostajate zvesti v svojem odnosu in srcu.

Hranite vse ljudi v duhu, kakor jih je hranil Mojzes

V času Eksodusa je bilo na Zemlji okrog 600.000 odraslih moških, zato ocenjujemo, da je celotna populacija štela približno 2 milijona ljudi. Mojzes seveda ni mogel srečati in svetovati vsakemu posamezniku, je pa v duhu hranil vse ljudi in skrbel zanje s tolikšno ljubeznijo, da je bil zanje pripravljen dati svoje življenje. Zato je Bog rekel, da je Mojzes zvest v vsej Božji hiši.

In enako velja za nas. Do te mere, do katere preidemo v duha, lahko v duhu hranimo več stvari ter izpolnjujemo več nalog. Če nam je na primer zaupanih 500 ljudi, ne moremo tedensko obiskovati vseh, temveč bomo redno obiskovali le tiste s šibko vero, ki se najpogosteje znajdejo v stiski, medtem pa bomo ostale obiskali le enkrat ali dvakrat letno.

Kljub temu pa bomo, v kolikor imamo resnično zvesto srce, v duhu in srcu hranili vse vernike, ki so nam bili zaupani, ne glede na to, kako pogosto jih vidimo. Četudi več mesecev nismo videli določene duše, bomo to osebo ves čas hranili v srcu in temu primerno bo tudi Bog deloval v njeno korist.

Kadar bo to potrebno, nas bo Bog spodbudil, da bomo obiskali določeno osebo oziroma molili zanjo. Čeprav bomo nekoga obiskali samo za trenutek, bo to obrodilo dober sad, in sicer zato, ker smo ga tako dolgo in zvesto hranili v našem srcu.

Takšno ravnanje nikakor ni enako zanemarjanju duš zaradi lastne lenobe, rekoč: „Raje bom molil nekoga drugega." V resnici bomo močno zaskrbljeni, ker ne moremo neposredno služiti vsem dušam, zato bomo goreče molili: „Oče, prosim Te, poskrbi za te duše, ki jih jaz osebno ne morem obiskati."

Bog bo prejel aromo našega srca in bo Sam poskrbel za te duše. Pri tem pa ne gre samo za služenje dušam, pač pa za vse od Boga dane naloge. Zvestobo v vsej Božji hiši dosežemo tako, da se vedno trudimo z vsem našim srcem, umom in dušo, ter obrodimo številne sadove, tako da v duhu hranimo kar največ ljudi.

Morda bodo nekateri rekli: „Nemogoče je izpolnjevati toliko nalog. Ali ne bi bilo bolje, da bi se posvetili samo določenim nalogam in bili tako zvesti v vsej Božji hiši?" Toda kdor je zvest, mu je v veliko veselje in si nenehno prizadeva, da bi opravil kar največ dela za Božje kraljestvo.

Tak človek si vneto prizadeva tudi za umirajoče duše, zato si želi prevzeti več dolžnosti. Če ste pripravljeni prevzeti le nekaj nalog, ki vam gredo dobro od rok, ste namreč močno oddaljeni od tega, da bi bili zvesti v vsej Božji hiši.

Kadar smo zvesti v vsej Božji hiši, bomo zvesti na vseh osebnostnih področjih, obrodili bomo številne sadove in slavili

Boga. Kajti če ste zvesti v cerkvi, medtem pa vam ni mar za vašo družino, ali pa ste znani kot nekdo, ki ni predan šoli oziroma poklicu, potem nikakor niste zvest delavec. Zvesti ljudje imajo zvesta srca, zato niso zvesti samo Božjemu kraljestvu, ampak na vseh področjih.

3. Vstop v prostrani duhovni svet

Na peti stopnji vere imamo srce Boga samega, zato poznamo Njegovo srce in voljo, smo Mu poslušni in Mu tako ugajamo. Toda zgolj to, da smo veliko slišali o Bogu, še ne pomeni nujno, da smo Mu lahko v vsem poslušni. Združiti se moramo z Bogom in Gospodom, tako da spremenimo svoje srce v duhovno srce, in šele takrat bomo znali v celoti slediti Božji volji.

Če dosežemo peto stopnjo vere in pridobimo duhovno srce, ali to pomeni, da smo končali našo človeško vzgojo? Nikakor ne. Tako kot je Bog brezmejni duh, tako je brezmejni tudi duhovni svet. Opravljen doktorat še ne pomeni konec študija, saj se nikoli ne prenehamo izobraževati. In podobno velja tudi za duhovni svet. Tudi če premagamo številne preizkušnje in osvojimo peto stopnjo vere, je to šele prvi stik z neskončnim duhovnim svetom.

Na peti stopnji vere ne moremo izmeriti dejanske mere vere v odstotkih. Tako kot je Bog brez konca, tako se bodo pred nami brez konca odpirale nove dimenzije, globlje ko bomo prešli v duha. Zavoljo lažjega razumevanja pa kljub temu pravimo, da so svetopisemski modreci, ki so imeli največjo mero vere, dosegli najvišjo fazo pete stopnje vere. Elija, Henoh, Abraham, Mojzes in apostol Pavel so vsi dosegli popolno podobnost Bogu, Mu ugajali ter z Njim komunicirali.

Od trenutka, ko človek stopi na peto stopnjo vere, v duhovnem smislu pripada duhovnemu svetu, četudi še naprej živi v tem fizičnem svetu. Ti ljudje prejmejo vodenje od Boga Samega, ki jim pomaga do napolnitve z modrostjo duha. Tako že na tej zemlji spoznajo reči, ki jih je sicer mogoče spoznati šele ob vstopu v nebesa. In bolj ko bo posameznik razumel skrivnosti duhovnega sveta, bolj bo razumel Boga. Sčasoma bo okrepil svoje duhovno srce in dosegel sam vrh pete stopnje vere.

Ko dosežemo najvišjo fazo pete stopnje vere, se bodo vse naše značajske lastnosti spremenile v pozitivne. Če smo se na primer rodili s šibkim značajem, se bomo prerodili v močno in pogumno osebo.

Prav tako, če smo imeli močno in ostro osebnost, bomo postali napolnjeni s pohlevnostjo in blagostjo, in pridobili bomo iskreno srce, napolnjeno z resnico. Ljudje imamo zelo različne značaje in okuse, toda v Novem Jeruzalemu bomo vsi popolnoma podobni Gospodu.

Preseganje meja človeških zmogljivosti in vpogled v Božji svet

Kdor je prešel v popolnega duha in postal eno z Bogom in Gospodom, bo razumel duhovne stvari, ki so izven človeškega razumevanja, in hkrati bo doživljal čudovita duhovna dela, ki presegajo človeške zmogljivosti. V Svetem pismu najdemo veliko primerov čudovitih del, kot je denimo spreminjanje vremenskih pogojev, upravljanje nebesnih teles, obujanje mrtvih in zdravljenje bolezni. Vsa ta dela so človeku nedosegljiva, vendar jih lahko kljub temu posedujemo do te mere, do katere smo podobni Bogu in nas spremlja Božja moč. Eno od najbolj čudovitih duhovnih del je odhod v nebesa, ne da bi videli smrt.

Hebrejcem 11:5: „*Po veri je bil Henoh vzet, da ni videl smrti, in ga ni bilo najti, ker ga je Bog vzel. Kajti preden je bil vzet, je bilo zanj pričano, da je Bogu všeč.*"

Druga knjiga Kraljev 2:11: „*Ko sta šla naprej in se grede pogovarjala, glej, se je prikazal ognjen voz in ognjeni konji ter so ju ločili; in Elija se je v viharju vzdignil v nebo.*"

Hebrejcem 9:27: „*Kakor je ljudem določeno enkrat umreti, nato pa pride sodba.*" Toda kako se lahko potem človek izogne smrti? To je mogoče samo tako, da osvojimo peto stopnjo vere in postanemo eno z Bogom.

Rimljanom 6:23: „*Plačilo za greh je namreč smrt; Božji milostni dar pa je večno življenje v Kristusu Jezusu, našem Gospodu.*" Zakon duhovnega sveta veleva, da smrt doleti tiste, ki grešijo.

Kdor veruje v Gospoda, bo po veri odpuščen grehov, in četudi ga še vedno čaka fizična smrt, bo na poslednji dan vstal in dobil duhovno telo. V kolikor pa osvojite tisto najglobljo fazo pete stopnje vere in odpravite vse sledi mesa, kar pomeni, da se močno približate značilnostim samega Boga, takrat boste opravičeni tudi pred fizično smrtjo.

Elija in Henoh sta neskončno ljubila Boga in se očistila ne samo grehov, temveč tudi vseh sledi mesa, ki so ostale v njuni naravi. Prav tako sta v celoti napolnila svoji srci z resnico in odsevala veliko podobnost Bogu.

Čeprav sta živela v času Stare zaveze, sta se zgledovala po

Jezusu Kristusu, ki naj bi prišel na zemljo in ju rešil vseh njunih preteklih grehov, vključno z izvirnim grehom. Iz tega razloga — četudi je smrt plačilo za greh — jima je bila priznana brezgrešnost in sta lahko živa odšla v nebesa.

To pa še ne pomeni, da bo vsak, ki se nahaja na peti stopnji vere, pri življenju vzet v nebesa. Četudi so ljudje upravičeni do tega, morajo po naravnem redu izkusiti fizično smrt, saj so bili rojeni na tej zemlji in vzgojeni v Božji previdnosti.

Prav tako, kakor v primeru Petra in Pavla, jim Bog tudi po prehodu v popolnega duha dovoli prestati mučeništvo, zato da bodo deležni še veličastnejšega plačila. Skozi prelivanje krvi jim tako Bog dovoli doseči Božje kraljestvo. V primeru Elije in Henoha pa je Bog imel posebne načrte, saj Je dovolil, da sta bila vzeta v nebo in da je bil ta dogodek opisan v Svetem pismu. To pa zato, da bi ljudje v poznejših časih razumeli, da so te stvari mogoče in bi po njih hrepeneli.

Četudi smo pridobili polno mero Kristusovega daru in si zagotovili opravičenje pred smrtjo, pa kljub temu nikoli ne moremo biti enaki Gospodu in Bogu. Naj bomo še tako podobni Gospodu, kot bitja ne bomo nikoli enaki Stvarniku Bogu in Gospodu.

Učenec ne more biti nikoli nad njegovim učiteljem (Matej 10:24-25). Pravzaprav v fizičnem svetu učenec lahko prekaša učitelja, v duhu pa to ni mogoče.

Na primer – Mojzesa je poučeval Bog Sam, zato Jozue, ki je bil Mojzesov pomočnik, v duhu ni mogel prekašati Mojzesa. Duhovni svet je brezmejen, zato ga človek ni sposoben opisati ali o njem poučevati, brez da bi predhodno obiskal to dimenzijo in pridobil globoko razumevanje.

V Prvem pismu Korinčanom 4:15 apostol Pavel pravi: *„Čeprav bi namreč imeli deset tisoč vzgojiteljev v Kristusu, vendar nimate mnogo očetov. V Kristusu Jezusu sem vas namreč po evangeliju rodil jaz.“* Pavel je poudaril razliko med učiteljem, ki zgolj poučuje, in očetom, ki vodi ljudi do duhovnega rojstva. Samo tak človek, ki stopi v duhovni svet in skozi komunikacijo z Njim dodobra spozna Njegovo voljo in srce, lahko popelje druge ljudi v duhovni svet.

Ko sem postal vernik, sem ves čas ohranjal jasno komunikacijo z Bogom ter preživel veliko dni v postenju in molitvi, vse dokler nisem razumel Njegovega srca in volje. Na tej svoji poti sem pridobil tudi potrditev obstoja duhovnega sveta in različnih dimenzij vere, in tako sem lahko popeljal številne druge vernike do globlje dimenzije duha.

Bog ne želi samo, da bi bili vsi rešeni, temveč da bi stopili globoko v duhovni svet ter tako pridobili globoko razumevanje Njegovega srca. Če pridobimo popolnega duha in globoko razumevanje Boga, bomo z Njim delili intimno ljubezen. Zato upam, da boste z iskrenim srcem hrepeneli po pravičnih in duhovnih stvareh, komunicirali z Bogom ter iz dneva v dan bolje razumeli Njegovo srce in voljo.

Blagoslovi na peti stopnji vere

❧

„Razveseljuj se v GOSPODU,

pa ti bo dal, kar želi tvoje srce.

Izroči svojo pot GOSPODU, zaupaj Vanj, in On bo storil.

Dal bo, da tvoja pravičnost zasije kakor luč,

tvoja pravica kakor poldan."

(Psalmi 37:4-6)

❧

Večina obljub in blagoslovov, ki jih opisuje Sveto pismo, je za tiste, ki so osvojili četrto ali višjo stopnjo vere. Na peti stopnji vere boste tako deležni vseh blagoslovov v polni meri. Seveda pa to ne pomeni, da ne boste prejeli nobenega blagoslova, dokler ne preidete v duha. Do tretje stopnje vere ste namreč deležni blagoslovov v skladu s tem, kako primerna so vaša dejanja pred Bogom.

1. Blagoslovi za ljudi popolnega duha

Psalmi 37:4-6 pravijo: *„Razveseljuj se v GOSPODU, pa ti bo dal, kar želi tvoje srce. Izroči svojo pot GOSPODU, zaupaj Vanj, in On bo storil. Dal bo, da tvoja pravičnost zasije kakor luč, tvoja pravica kakor poldan. "* Razveseljevati se v Gospodu pomeni, da vam Gospod Bog prinaša veliko radosti in zadovoljstva.

No, seveda se lahko na vsaki stopnji vere do neke mere razveseljujemo v Bogu, a da bi prejeli resnično radost od zgoraj, moramo Bogu ugajati s peto stopnjo, ki je popolna stopnja vere.

Kdor ima vero za ugajanje Bogu, ga bo Bog nemudoma uslišal, tudi kadar si bo kaj zaželel zgolj v svojem srcu. In kakšni so potem blagoslovi, ki se dajejo ljudem popolnega duha?

Zadoščeno bo željam njihovega srca

Ljudem popolnega duha bodo nemudoma uslišane vse njihove molitve, kot tudi vse tisto, za kar sploh niso prosili, temveč so si samo zaželeli v svojem srcu. Vsemogočni Bog namreč dobro ve, kaj potrebujejo in v katerem trenutku, zato vse vnaprej pripravi zanje in jim postreže.

Toda kako lahko v trenutku prejmejo odgovor? Naš Bog nam vselej odgovarja v skladu s postavo pravičnosti, katera sloni na merilu ‚sedmih duhov'. To pomeni, da lahko prejmemo odgovore in blagoslove samo takrat, kadar smo po veri tega upravičeni, potem ko je sedmerica duhov vzela našo mero na sedmih področjih, med katerimi so radost, vera, molitev, zahvalnost, izpolnjevanje zapovedi, zvestoba in ljubezen.

Če na primer oseba na tretji stopnji vere veliko moli, a je brez radosti v svojem srcu, ali če je ta oseba zvest Božji delavec, ki mu primanjkuje zahvalnosti in se samo pritožuje, potem bo toliko počasneje prejel odgovore, kolikor pomanjkljivosti je izmerila sedmerica duhov.

Kdor pa je prešel v popolnega duha, ta je dosegel posvečenje, zato je brez zidu greha pred Bogom. Poleg tega je njegovo srce v celoti napolnjeno s sadovi resnice, zato bo vedno kvalificiran po merah sedmih duhov. In zato bo nemudoma prejel odgovore in bo zanj vse mogoče (Marko 9:23).

Vselej bodo našli pot do razumevanja

Če boste le slišali glas Svetega Duha, ki pozna tudi tiste globoke stvari Boga, boste vedno obdani z blaginjo. Toda tega glasu in vodstva Svetega Duha boste deležni le do te mere, do katere ste odpravili grehe in hudobijo iz vašega srca ter obrodili čisto in brezmadežno srce.

Že na četrti stopnji vere lahko zelo jasno slišite glas Svetega Duha, zato znate jasno razpoznati, kaj Bog pričakuje od vas. Medtem pa na peti stopnji vere razumete tudi, zakaj si Bog prizadeva za izpolnitev določene naloge. S tem, ko stopate v vse globljo dimenzijo pete stopnje vere, boste jasno razumeli tudi samo metodologijo Očeta pri Njegovih željah.

Jožef je bil zaradi zavidanja svojih bratov že v mladih letih prodan za sužnja v Egipt, vendar je v Božji previdnosti premagal vse težave in postal najpomembnejši mož Egipta. Naposled je ponovno srečal svoje brate, ki so ga 22 let poprej prodali v suženjstvo. Segel jim je v srce in jih navedel na to, da so se pokesali.

Lahko bi sicer razkril svojo identiteto in jih pripravil do skesanja, a to ne bi bilo resnično in popolno kesanje iz srca.

Zato Jožef ni razkril svoje identitete, temveč je dal brate zapreti za tri dni. Nato je vzel enega od njih za ujetnika in jih obtožil za ogleduhe. Jožef je svojim bratom nakopal veliko preizkušenj, skozi katere so se naučili ceniti in spoštovati drug drugega. Prav tako so se spomnili, da so prodali svojega lastnega brata in se za to tudi iz srca pokesali.

Vse Jožefove besede in dejanja so izvirala iz njegove izjemne modrosti in razumevanja. Na peti stopnji vere namreč razumete globoke stvari Boga in spremljajo vas dela Svetega Duha, zato boste prejeli vse metodološke podrobnosti in razumevanje pri vsem, česar se boste lotili.

Zli duhovi ne morejo v njihovo bližino

Ljudje popolnega duha so varni pred boleznimi, slabostmi in mikrobi, hkrati pa imajo tudi darove ozdravljanja in izganjanja demonov. Zaradi duhovne oblasti, ki izvira iz svetega in popolnega srca, jim sile teme ne morejo škodovati (1 Janez 5:18). Ti ljudje so namreč brez hudobije in brez grehov, na osnovi katerih bi jih lahko Satan obtožil, zato nad njih ne more poslati skušnjav ali preizkušenj.

Še vedno pa Bog tudi ljudem duha in popolnega duha občasno nameni določene preizkušnje, kadar sovražnik hudič in Satan privede obtožbe zoper njih. Na ta način želi Bog utrditi Svoje kraljestvo s Svojo pravičnostjo, oziroma želi dokazati, da imajo ti Njegovi otroci primerne posode za sprejem velike Božje moči.

Apostola Peter in Pavel sta na primer dosegla polno mero vere, a sta bila kljub temu deležna preganjanja in trpljenja v imenu Gospoda in sta naposled končala mučeniške smrti.

Tudi člani zgodnjih cerkva so postali mučeniki, četudi še niso prešli v duha in so bili brez smrtnih grehov. Razlog za to je bila izpolnitev zakonov pravičnosti, da bi bilo rešenih kar največ duš in da bi evangelij dosegel vse konce sveta za ceno krvi teh vernikov. Seveda pa so tisti, ki so postali mučeniki skozi popolno vero, prejeli veliko čast v nebeškem kraljestvu, ki je ni moč primerjati s kratkotrajnim trpljenjem na tej zemlji.

Prav tako, kadar človek popolnega duha trpi brez razloga, vendar z ljubeznijo in vero premaga to trpljenje, ga bo Bog nagradil z večjo mero moči in blagoslovov. Nad njega bo izlil več

Svoje moči in tako bo lahko ta človek še bolj poveličal Boga. Sovražnik hudič in Satan temu seveda ne more nasprotovati.

Poleg zgornjih primerov nas ob prehodu v popolnega duha čaka še veliko drugih blagoslovov, vendar jih vseh ni mogoče omeniti. Če le dosežete četrto stopnjo vere, boste blagoslovljeni vi in vsi ljudje okrog vas. Blagoslovljeni boste v družinskem in poslovnem življenju. Hodili boste z Bogom, četudi ne v popolnosti.

Vsi ti blagoslovi se dajejo eden po eden ob vstopu na četrto stopnjo vere, medtem ko se na peti stopnji dajejo v polnem obsegu. Še najbolj pa je dragocen blagoslov slave mesta Novega Jeruzalema v večnem nebeškem kraljestvu.

2. Novi Jeruzalem za tiste na peti stopnji vere

Novi Jeruzalem je najveličastnejše nebeško bivališče med vsemi nebeškimi bivališči. To mesto velja za kristal ljubezni, ki ga je Bog pripravil za Njegove prave otroke. Bog si je ves ta čas prizadeval pridobiti prave otroke, s katerimi bi lahko delil pravo ljubezen, in Novi Jeruzalem je kraj, ki ga je naš Oče pripravil, da bi z njimi delil Svojo ljubezen in srečo na vse veke. Gre za kraj, poln Božje slave, v katerem vsak cvetni list in vsak dragi kamen vsebujeta Božjo ljubezen in moč.

Velikost in oblika Novega Jeruzalema

21. in 22. poglavje Razodetja opisuje splošno obliko Novega Jeruzalema. To sveto mesto meri dvanajst tisoč stadijev v dolžino

in širino (2.400 km). Njegovo obzidje je narejeno iz modrega kristalnega jaspisa, mesto samo pa iz suhega zlata, podobnega čistemu kristalu. Troje vrat gleda proti vzhodu, troje vrat proti severu, troje vrat proti jugu in troje vrat proti zahodu. Vrata imajo obliko biserov in na njih je zapisano dvanajst imen dvanajstih rodov Izraelovih sinov. Dvanajstero vrat je dvanajstero biserov.

Da bi bisernica proizvedla biser, mora iti skozi dolgo obdobje bolečine. Vsakič, ko nek tuj predmet prebode njeno meso, to povzroči veliko bolečino, zato bisernica izloči biserovino. Skozi ta naravni proces dobimo končni produkt – biser. In ravno tako morajo tudi verniki živeti v popolni resnici in iti skozi obdobje velike bolečine, če želijo vstopiti v Novi Jeruzalem.

Obzidje mesta sloni na dvanajstih temeljnih kamnih. Prvi med njimi je jaspis, ki simbolizira duhovno vero. Drugi kamen je safir, ki pomeni močno in iskreno srce. Tretji kamen, halkedon, predstavlja nedolžnost in požrtvovalnost. Gre torej za človeka, ki je pripravljen dati svoje življenje za soseda ali Božje kraljestvo, ne da bi pri tem iskal lastno korist.

Četrti kamen, smaragd, simbolizira pravičnost, ki je sad luči in čistosti. Peti kamen, sardoniks, pomeni zvestobo do smrti. Šesti, sardij, predstavlja zanos in iskreno srce. Sedmi kamen, hrizolit, je usmiljenje.

Osmi kamen, beril, je potrpežljivost. Deveti kamen je topaz in predstavlja pravičnost Gospoda, ki se ne prepira in ne vpije, ne zlomi nalomljenega trsta in ne ugasne tlečega stenja.

Deseti kamen je hrizopraz in simbolizira samoobvladanje. Enajsti, hijacint, predstavlja čistost in svetost srca. In še dvanajsti, ametist, je simbol lepote in pohlevnosti. Če združimo vse duhovne pomene teh dvanajstih dragih kamnov, dobimo popolno srce Boga in Gospoda.

Obzidje mesta sestavljajo dragulji zato, da bi nam vernikom dalo vedeti, da moramo v celoti obroditi vse te duhovne darove, če si želimo izboriti bivališče v svetem mestu. Ko greste skozi biserna vrata in stopite v mesto, tam ni ne sonca, lune in ne svetilk, temveč je ves prostor obsijan z Božjim veličastvom in je ves čas svetlo kakor ob belem dnevu. Skozi oblake slave se v daljavi vidi blišč draguljev, ki krasijo tamkajšnje hiše, zaradi česar je vso mesto videti živo.

Domovi v tretjem nebeškem kraljestvu in Novem Jeruzalemu so večnadstropne zgradbe, okrašene z dragimi kamni in suhim zlatom. V lasti lahko imate ribnik, vrt, smučarsko stezo, igrišče za golf, plesno dvorano ali karkoli, kar si osebno želite.

Tudi sami domovi tretjih nebes so zgrajeni iz čistega zlata in dragih kamnov, vendar se ti kamni in njihov blišč razlikuje od tistih v Novem Jeruzalemu, kjer najdemo nešteto različnih vrst dragih kamnov, od katerih jih veliko oddaja ne samo eno, ampak dve ali celo tri vrste svetlobe.

Poleg tega je vsaka hiša Novega Jeruzalema okrašena z edinstvenimi vzorci v skladu z mero vere, stopnjo zvestobe ter deli in okusi lastnika. Že sama moč luči slave in vrsta dragih kamnov, ki krasijo določeno hišo, nam razkrivata stopnjo posvečenosti, ki jo je dosegel lastnik, ter kako uspešno je ugajal Bogu na tej zemlji.

Ko oseba stopi v Novi Jeruzalem in zagleda hišo, ki jo je Bog pripravil zanjo, jo preplavijo solze zahvalnosti. Ko vstopite skozi glavna vrata vas ob pogledu na prostranost pokrajine in čudovito okrasje zajame nepopisna radost.

Naj vam opišem en primer tamkajšnje hiše. Sredi neskončno velike površine stoji mogočna hiša, ki je videti kakor dvorec. Obkrožena je z zidovi v obliki jaspisa oziroma modrikastega kristalnega stekla. Z zunanje strani se ne vidi v notranjost, medtem pa lahko znotraj zidov zelo jasno vidite zunanjost.

Za razliko od zidov našega sveta, ki so zgrajeni iz opeke, so ti zidovi izdelani kakor kos umetnine. Zidovi sami in cvetlice, ki se bohotijo v neposredni bližini, oddajajo čudovite vonjave in arome.

Zidovi so okrašeni s krasnimi vzorci, ki so vtisnjeni v notranjost samega prosojnega zidu. Pravzaprav gre za nekakšne lebdeče podobe, ki govorijo o tem, kako zvesto je lastnik služil Bogu na tej zemlji, o njegovi dobroti, pravičnosti ter lepoti njegovega srca.

Prav tako je zapisano, kako je bil lastnik preganjan za Gospoda ter kako je garal in služil kraljestvu Boga. S temi gravurami Bog na nek način daje uteho lastniku za vse hudo, kar je pretrpel na tej zemlji.

Na vrtu najdemo celo vrsto prekrasnih cvetlic in dreves, in ptice s prekrasnim perjem pojejo za vas. Ko se sprehodite čez vrt in do hiše, boste zagledali cesto iz suhega zlata, ob kateri raste cvetje, ki oddaja čudovite vonjave. Vso to udobje je v uteho lastniku za vso trpljenje in stisko, ki ju je preživel na zemlji.

In potem je tukaj še promenada, zabaviščni park, živalski vrt, kristalna ladja za križarjenje in tako rekoč vse, kar si lastnik poželi. Verniki potrebujejo veliko potrpljenja in požrtvovalnosti, da bi dosegli Novi Jeruzalem, in ko naposled vidijo vse te nebeške zaklade, ki jih Bog pripravil zanje, se njihova srca stopijo in preplavi jih mir.

Zakladi Novega Jeruzalema

Ob vstopu v Novi Jeruzalem nam bodo uresničene vse naše želje in prejeli bomo čudovite hiše in zaklade, ki si jih ne znamo niti predstavljati. Pri tem pa je še najpomembneje to, da je vso to udobje rezultat ljubezni, potrpljenja, zvestobe in predanosti, ki smo jo izkazovali Bogu na tej zemlji.

Če bomo Bogu darovali vse, kar nam je pri srcu na tej zemlji, bomo v Novem Jeruzalemu deležni udobja in zakladov.

Ljubeči Bog je zelo pozoren in Mu prav nič ne uide. Kadar žalujete nad Božjim kraljestvom, ne bo nobena vaša solza padla in izginila zaman, pač pa bo postala gradnik in okrasje za postavitev vaše hiše. Prebivalci Novega Jeruzalema so na tej zemlji živeli izključno samo po Božji volji, zato jim Bog v nebesih daje vse, kar si zaželijo.

Njihova oblačila izražajo njihovo slavo s čudovitimi, jasnimi in bleščečimi barvami. Na njih se svetlika okrasje iz prekrasnih draguljev in različnih vzorcev.

Tako imajo na oblačilih na primer vzorec zahvale, ki prikazuje, koliko se je posameznik zahvaljeval na tej zemlji. Potem so tukaj še vzorci čaščenja, radosti, molitve, itd. Prav poseben pomen pa nosi vzorec slave, ki se celo v Novem Jeruzalemu daje ekskluzivno samo tistim, ki so Bogu prinesli največ slave. Ta vzorec izstopa nad vsemi ostalimi vzorci in kdor ga nosi, je deležen velikega spoštovanja.

Prebivalci Novega Jeruzalema nosijo predvsem dve vrsti

vencev, in sicer venec pravičnosti (2 Timoteju 4:8) ter zlati venec (Razodetje 4:4). Poleg teh dveh najdemo tudi rožnate vence, biserne vence, kristalne vence in številne druge, okrašene z različnimi dragimi kamni in okrasjem, ki se nosijo ob posebnih priložnostih.

Ženske imajo na voljo tudi posebno okrasje za lase. Medtem pa prebivalci raja ne nosijo vencev ali okrasja, zato imajo ženske preproste pričeske. Toda z višjimi stopnjami vere njihova lasišča pridobijo vse lepše in veličastnejše okraske. In tako ženske Novega Jeruzalema nosijo okrasje in nakit iz draguljev, poleg tega pa tudi posebna vlakna, ki se lesketajo v prečudovitih barvah.

Ta svetleča vlakna se lepo zlivajo z lasmi in oddajajo čudovite svetlobne odtenke. Na ta način lahko v nebesih po samih oblačilih, njihovih barvah, vzorcih, okrasju, vencih in nakitu v laseh že na prvi pogled ugotovimo, kako je oseba ljubljena in priznana od Boga.

V Novem Jeruzalemu vam pri preoblačenju, prireditvah banketov oziroma pri vašem slehernem početju vselej pomagajo angeli. Ker znate komunicirati v duhu, vam ti angeli strežejo pri vseh vaših željah, brez da bi jih za karkoli prosili. Toda število spremljajočih angelov se razlikuje v skladu s tem, do kolikšne mere je posameznik prešel v duha.

Novi Jeruzalem pa ni le čudovit in mogočen kraj, temveč hkrati ponuja neskončne priložnosti za učenje, občudovanje, poslušanje, veselje ter deljenje ljubezni. Čeprav je vaše življenje večno, vam ni nikoli dolgčas, saj je vsak trenutek poln novih izzivov in zadovoljstva, kar še zlasti velja za Novi Jeruzalem, kjer se banketi in praznovanja nikoli ne končajo. Včasih jih priredi Oče Bog, včasih Gospod in včasih Sveti Duh.

Na banketih, ki jih prireja Oče Bog, so udeleženci ogrnjeni v prekrasna bela oblačila z okrasjem. Uživajo v najboljši hrani, pijači, hvalnicah in plesu, čigar veličastnosti se ne da opisati z besedami.

V nebeškem življenju boste ves čas napolnjeni s tako izrazitimi občutki sreče, kot jih na zemlji niste nikoli doživeli. Bolj ko smo posvečeni in izpopolnjeni z resnico, globlje bomo čutili nebeško srečo že na tej zemlji.

Bolj ko hrepenimo in se veselimo nebes, manjša bo naša navezanost na ta svet in vse bolj bomo napolnjeni z duhovnim poželenjem po slavljenju Boga, reševanju duš in deljenju slave Novega Jeruzalema z njimi.

Zato moramo pokopati naše prazne upe po poželenju mesa, poželenju oči in napuhu življenja, ter jih nadomestiti z upanjem po vstopu v veličastno nebeško bivališče.

Prvo pismo Tesaloničanom 5:23 pravi: „*Sam Bog miru naj vas posveti, da boste popolni. In vse, kar je vašega, duh, duša in telo, naj bo ohranjeno neoporečno, dokler ne pride naš Gospod Jezus Kristus.*" Zato molim v imenu Gospoda, da bi obrodili sveto srce, prešli v popolnega duha in delili večno ljubezen z Bogom in Gospodom v veličastnem Novem Jeruzalemu.

Avtor:
Dr. Jaerock Lee

Dr. Jaerock Lee se je rodil leta 1943 v Muanu, provinci Jeonnam, v Republiki Koreji. V svojih dvajsetih letih je polnih sedem let trpel za celo vrsto neozdravljivih bolezni in samo še čakal na smrt, brez slehernega upanja po okrevanju. Nato pa je nekega dne, spomladi leta 1974, na sestrino prošnjo obiskal cerkev in ko je pokleknil, da bi molil, ga je živi Bog v trenutku ozdravil vseh bolezni.

Vse odkar je dr. Lee skozi to čudovito izkušnjo srečal živega Boga, Ga je ljubil z vsem svojim srcem in iskrenostjo, zato je bil leta 1978 tudi poklican za Njegovega služabnika. Goreče je molil in opravil nešteto molitvenih postov, da bi razumel in v celoti izpolnjeval Božjo voljo ter sledil Božji besedi. Leta 1982 je v Seulu ustanovil centralno cerkev Manmin, v kateri se je do danes odvilo nešteto Božjih del, vključno s čudežnimi ozdravljenji, znamenji in drugimi čudeži.

Leta 1986 je bil dr. Lee posvečen za pastorja in štiri leta kasneje, leta 1990, so začeli na radiu v živo prenašati njegove pridige, in sicer v Avstraliji, Rusiji, na Filipinih in kmalu zatem tudi drugod po svetu.

Tri leta kasneje, leta 1993, je revija *Christian World* centralno cerkev Manmin označila za eno od petdesetih najvplivnejših cerkva na svetu, dr. Lee pa je od krščanske univerze na Floridi (ZDA) prejel častni doktorat božanskosti, leta 1996 pa nato še doktorat na teološkem semenišču v Iowi (ZDA).

Od leta 1993 je dr. Lee na čelu gibanja za svetovno evangelizacijo in je uspešno izpeljal številne kampanje v Tanzaniji, Argentini, Los Angelesu, Baltimoru, na Havajih, New Yorku, Ugandi, na Japonskem, Pakistanu, Keniji, na Filipinih, Hondurasu, Indiji, Rusiji, Nemčiji, Peruju, Demokratični republiki Kongo, Izraelu in Estoniji.

Zavoljo njegovega vplivnega delovanja po vsem svetu ga je leta 2002 eden največjih korejskih časopisov opisal kot „svetovno znanega revivalista." Še posebej zavoljo njegovega newyorškega shoda iz leta 2006, ki je potekal v Madison Square Gardnu in ga je v živo prenašalo 220 držav; ter jeruzalemskega shoda iz leta 2009, kjer je Jezusa Kristusa drzno razglasil za Mesijo in Odrešenika.

Njegove pridige se danes preko satelitov prenaša v 176 državah in v letih 2009/10 sta ga tiskovna agencija *Christian Telegraph* in priljubljena ruska krščanska revija *In Victory* imenovali za enega od desetih najvplivnejših krščanskih voditeljev.

April 2017 je Centralna cerkev Manmin štela že več kot 120.000 članov in 11.000 podružničnih cerkva po vsem svetu, vključno s 56 domačimi podružničnimi cerkvami. Poleg tega je bilo poslanih že več kot 102 misijonarjev v 23 držav, vključno z Združenimi državami Amerike, Rusijo, Nemčijo, Kanado, Japonsko, Kitajsko, Francijo, Indijo, Kenijo in še mnogimi drugimi.

Do datuma izdaje te knjige je dr. Lee napisal že 107 knjig, med njimi tudi uspešnice Pokušanje večnega življenja pred smrtjo; *Moje Življenje-Moja Vera, 1. in 2. Knjiga; Sporočilo Križa; Količina Vere; Nebesa, 1. in 2. Knjiga; Pekel; Prebudi Se, Izrael;* ter *Božja Moč*. Njegova dela so prevedena v več kot 76 jezikov.

Njegove članke najdemo v časopisih *Hankook Ilbo, JoongAng, Chosun Ilbo, Dong-A Ilbo, Seul Shinmun, Kyunghyang Shinmun, Koreja Herald, Sisa News* ter *Christian Press*.

Dr. Lee je danes na čelu številnih misijonarskih organizacij in zvez. Med drugim je predsednik Združene cerkve svetosti, stalni predsednik zveze Krščanskega sveta, ustanovitelj in predsednik odbora Globalne krščanske mreže, ustanovitelj in predsednik mreže Krščanskih zdravnikov, ter ustanovitelj in predsednik Mednarodnega semenišča Manmin.

Nebesa I & II

Podroben oris čudovitega bivališča, v katerem uživajo nebeški prebivalci, ter prelep opis različnih nivojev nebeškega kraljestva.

Sporočilo križa

Globoko sporočilo za prebujenje, namenjeno vsem tistim, ki duhovno spijo! V tej knjigi boste spoznali, da je Jezus naš edini Odrešenik in resnična Božja ljubezen.

Pekel

Iskreno sporočilo vsemu človeštvu od Boga, ki si želi, da ne bi niti ena sama duša padla v globine pekla. Odkrili boste doslej še nerazkrito pripoved o kruti realnosti spodnjih krajev zemlje in pekla.

Duh, Duša in Telo I & II

Vodnik, ki bralcu ponuja duhovno razumevanje duha, duše in telesa, ter mu pomaga poiskati njegov 'jaz', da bo lahko pridobil moč, s katero bo premagal temo in postal duhovna oseba.

Sedem Cerkva

Iskrena Gospodova sporočila za prebujenje vernikov in cerkva iz duhovnega spanja, ki so bila poslana sedmim cerkvam, kot je to zabeleženo v drugem in tretjem poglavju Razodetja.

Prebujeni Izrael

Zakaj Bog že vse od začetka sveta spremlja Izrael? Kakšne vrste Njegove previdnosti bo v poslednjih dneh deležen Izrael, kamor se bo vrnil Mesija?

Moje Življenje, Moja Vera I & II

Najbolj prijetna duhovna aroma, pridobljena iz življenja, ki je cvetelo z Božjo ljubeznijo brez primere, in to sredi temnih valov, hladnega jarma in globokega obupa.

Božja Moč

Obvezno branje, ki služi kot pomemben vodnik, kako priti do prave vere in izkusiti čudovito Božjo moč.

www.ingramcontent.com/pod-product-compliance
Lightning Source LLC
Chambersburg PA
CBHW020918160726
47993CB00005B/2036